Sexuelle Anatomie aufgedeckt

Wie Sie sexuell klüger werden, mehr Selbstwertgefühl im Bett haben, Tabus beseitigen und Scham überwinden, um eine erfüllte Sexualität zu genießen.

Möchten Sie Teil von etwas Besonderem sein? Ich lade Sie ein, unserer lebendigen, exklusiven Facebook-Gemeinschaft beizutreten, in der die Magie der Worte lebendig wird. Hier können Sie sich mit mir und anderen begeisterten Lesern austauschen, Ihre Gedanken zu meinen Büchern teilen, Details hinter den Kulissen entdecken, Zugang zu exklusiven Rabatten auf neue Veröffentlichungen erhalten und die neuesten Nachrichten vor allen anderen erfahren.

Gemeinsam werden wir einen Raum schaffen, in dem Geschichten über die Seiten hinaus zum Leben erweckt werden und in dem uns die Leidenschaft für das Lesen verbindet. Werden Sie Teil unserer Gemeinschaft und entdecken Sie die Welt hinter den Geschichten!

Zugangslink zur exklusiven Facebook-Gemeinschaft >>

Oder über den folgenden QR-Code:

Liebe Leserin, lieber Leser, als Anerkennung für Ihren Mut, sich in die Ecken Ihrer Sexualität zu begeben, möchte ich Ihnen dieses exklusive Geschenk machen, das das soeben erworbene Hauptbuch ergänzt. Mit diesem Ratgeber werden Sie Ihr Sexualleben in vollen Zügen genießen können, auch wenn Sie dazu nie in der Lage waren oder Ihr Umfeld Sie daran gehindert hat. Nach der Lektüre werden Sie spüren, dass Sie im Einklang mit Ihrer sexuellen Essenz sind, und Ihr inneres Selbst wird in Freude sein.

Klicken Sie hier, um Ihren kostenlosen Leitfaden herunterzuladen >>

Sie können diese Ressource auch über den unten stehenden QR-Code herunterladen:

Vorwort: Sexuelles Erwachen: Mehr als nur Instinkt

Lieber Leser,

Ich bin Caroline Garcia, und ich kann Ihnen gar nicht sagen, wie sehr ich es schätze, dass Sie sich entschlossen haben, diese Reise der Selbsterkundung und des Verständnisses durch die Seiten dieses Buches anzutreten. Zunächst möchte ich Sie beglückwünschen. Mit dem Kauf dieses Buches haben Sie eine weise und bewusste Entscheidung für Ihr persönliches und sexuelles Wachstum getroffen, und ich verspreche Ihnen, dass dies eine augenöffnende Reise sein wird, die Ihre Perspektive auf Sexualität und Selbstverständnis verändern wird.

Seit meiner Kindheit bin ich fasziniert von der Komplexität des Menschen, von den Tabus, die uns umgeben, und davon, wie sie unsere Wahrnehmungen und Verhaltensweisen beeinflussen. Jahrelang habe ich mich der Erforschung, dem Studium und dem Verständnis der sexuellen Anatomie und Psychologie gewidmet. Darüber hinaus habe ich mit Menschen gearbeitet, mir ihre Geschichten angehört und ihnen geholfen, ihre eigene Sexualität zu entdecken und anzunehmen, ohne Vorurteile oder Scham.

Sie fragen sich vielleicht, warum ich so glücklich bin, dass Sie hier sind und diese Worte lesen? Weil jedes Mal, wenn sich jemand entscheidet, seinen Geist und sein Herz für ein neues Verständnis zu öffnen, die Welt ein wenig liebevoller, verständnisvoller und freier wird. Du bist Teil einer wachsenden Gemeinschaft, die über die Mythen und

Missverständnisse hinausblickt, die unseren Blick auf die Sexualität schon viel zu lange verstellt haben.

Wenn Sie sich einen Moment Zeit nehmen, um das Inhaltsverzeichnis zu lesen, werden Sie feststellen, dass es sich hier nicht einfach um ein theoretisches Buch handelt. Wir werden uns gemeinsam auf eine Reise begeben, die von der Entwicklung unseres sexuellen Verständnisses bis hin zu den modernen Mythen, die uns einschränken, alles anspricht. Sie werden etwas über die biologischen Wunder der Anziehung erfahren, über die Bedeutung der Selbsterkenntnis und darüber, wie Technologie und Kunst unsere Wahrnehmung der Sexualität beeinflusst haben. Aber nicht nur das, ich werde Sie auch an die Hand nehmen und Ihnen praktische und psychologische Werkzeuge an die Hand geben, die Ihnen helfen werden, Barrieren zu überwinden und ein neues Selbstwertgefühl in der Intimität zu entdecken.

Mein größter Wunsch ist es, dass Sie am Ende dieses Buches nicht nur ein tieferes und respektvolleres Verständnis für Ihre eigene Sexualität und die der anderen haben, sondern auch eine emotionale Transformation erleben. Stellen Sie sich vor, Sie hätten das Selbstvertrauen und die Freiheit, Ihre Sexualität voll auszuleben, ohne Angst oder Scham. Stellen Sie sich vor, wie diese Freiheit jeden Aspekt Ihres Lebens beeinflussen könnte.

Ich möchte Sie ermutigen, jedes Kapitel mit offenem Geist anzugehen, bereit, sich selbst herauszufordern und zu entdecken. Der emotionale Nutzen, den Sie aus der Lektüre dieses Buches ziehen werden, wird Sie nicht nur in die Lage versetzen, ein erfüllteres und authentischeres Leben im sexuellen Bereich zu führen, sondern wird Ihnen auch

Werkzeuge an die Hand geben, mit denen Sie viele andere Aspekte Ihres Lebens steuern und verstehen können.

Ich danke Ihnen für Ihr Vertrauen und hoffe aufrichtig, dass dieses Buch ein Leuchtturm sein wird, der Ihren Weg zu einer bewussten, befreiten und erfüllten Sexualität erhellt und leitet.

Mit all meiner Liebe und Professionalität,

Caroline Garcia.

Kapitel 1: Die Evolution des sexuellen Verständnisses: Vom Höhlenmenschen zum bewussten Wesen

In einer Welt, in der wir mit Informationen überflutet werden, kann die Geschwindigkeit, mit der wir Wissen erwerben, schwindelerregend sein. Aber haben Sie jemals darüber nachgedacht, wie sich unser Verständnis von Sexualität im Laufe der Zeit entwickelt hat? Haben Sie sich gefragt, wie frühere Generationen, unsere Vorfahren, ihre Sexualität wahrgenommen, verstanden und gelebt haben?

Es ist von grundlegender Bedeutung, die Entwicklung des Sexualverständnisses zu verstehen. Es gibt uns nicht nur eine Perspektive, wie wir dorthin gekommen sind, wo wir heute stehen, sondern auch ein klares Bild davon, wie Gesellschaft, Kultur und Biologie unsere Wahrnehmung der Sexualität beeinflusst haben. Und hier liegt das große "Geheimnis": Wenn wir unsere Vergangenheit verstehen, können wir eine gesündere und bewusstere Zukunft in unserer Beziehung zur Sexualität gestalten.

Lassen Sie mich innehalten und Sie fragen: Wie oft haben Sie sich von den Meinungen und Wahrnehmungen anderer beeinflussen lassen, wie Sie Ihren eigenen Körper und Ihre Wünsche sehen und fühlen? Wenn Ihre Antwort "zu oft" lautet, dann ist dieses Kapitel eine wichtige Erinnerung für Sie.

Wir beginnen unsere Reise mit einer Reise in die Vergangenheit, in die Zeit der Höhlenmenschen. Entgegen der landläufigen Meinung waren sie nicht einfach von tierischen Instinkten getriebene Wesen. Vielmehr befanden sie sich an einem faszinierenden Scheideweg zwischen Biologie und einer wachsenden Fähigkeit zur Reflexion. Zu dieser Zeit unserer Geschichte spielte die Sexualität eine primäre Rolle für das Überleben, aber sie begann auch, als ein Akt der Verbindung und Kommunikation zwischen Individuen Gestalt anzunehmen.

Erstaunlicherweise zeugen die frühesten Überreste der Höhlenkunst davon. Die Bilder stellen nicht nur die Jagd oder die Natur dar, sondern auch intime Handlungen zwischen Menschen, was zeigt, dass der sexuelle Akt bereits über die Fortpflanzung hinaus anerkannt war. Wussten Sie das? Denken Sie einen Moment darüber nach, was das bedeutet. Vor der Erfindung der Schrift, vor den großen Zivilisationen, hatten wir bereits eine angeborene Neugier und ein Verständnis für die Bedeutung der sexuellen Verbindung.

Hier ist eine kleine humorvolle Perle für Sie: Stellen Sie sich ein Paar Höhlenmenschen vor, Oog und Boog. Oog sagt zu Boog: "Das Bild, das du in der Höhle gemalt hast, ist sehr detailliert...". Boog antwortet einfach mit einem Augenzwinkern und sagt: "Ich habe es nur dokumentiert... für die Wissenschaft".

Wenn wir nun zur Ernsthaftigkeit des Themas zurückkehren, können wir feststellen, dass dieses ursprüngliche Verständnis von Sexualität im Laufe der Geschichte durch zahlreiche Faktoren geformt, angepasst und verändert wurde. Frühe Gesellschaften, aufkommende Religionen, industrielle und technologische Revolutionen haben alle ihre Spuren in unserer sexuellen Wahrnehmung und Erfahrung hinterlassen.

Deshalb lade ich Sie, liebe Leserin, lieber Leser, ein, diese Reise mit mir fortzusetzen und zu erkunden, wie sich unser Verständnis von Sexualität entwickelt hat und wie wir durch dieses Verständnis eine gesündere und umfassendere Perspektive auf unsere eigene Sexualität haben können. Denn schließlich sind wir ein Produkt unserer Geschichte, aber wir sind auch die Schöpfer unserer Zukunft.

Wenn wir unsere Reise durch die Zeit fortsetzen, müssen wir erkennen, dass sich das Verständnis und die Erfahrung von Sexualität nicht in einem Vakuum entwickelt haben. Im Laufe der Zeit und mit der Herausbildung strukturierterer Zivilisationen wurde die Sexualität durch verschiedene Prismen betrachtet, von denen einige restriktiver waren als andere.

Der berühmte Anthropologe Edward Morgan führt uns in seinem Werk "The Dance of Desire: Sexual Stories of Antiquity" (1978) in die alten Zivilisationen Mesopotamiens, wo Sexualität nicht nur zelebriert wurde, sondern auch untrennbar mit religiösen Ritualen und Festen verbunden war. Fruchtbarkeitsgötter wie Ishtar wurden mit Tänzen und Zeremonien geehrt, die die sexuelle Vereinigung verherrlichten.

Im antiken Griechenland hingegen war, wie Helena Papadopoulos in "Eros and Philosophy: Love in Classical Athens" (1994) beschreibt, die Sexualität mit Philosophie und Pädagogik verwoben. Es stimmt zwar, dass einige Aspekte der griechischen Sexualität für den heutigen Leser kontrovers sein mögen, aber es ist unbestreitbar, dass diese Zivilisation dem Thema mit einer Offenheit und Neugierde begegnete, die es verdient, erforscht zu werden.

Doch wie alles in der Geschichte hatte auch die Sexualität ihre Höhen und Tiefen. Das Mittelalter zum Beispiel war in Europa eine Zeit der sexuellen Unterdrückung. Strenge religiöse und moralische Normen schränkten den Ausdruck und das Verständnis von Sexualität ein. Barbara Elmsworth beschreibt in "Shadow and Silence: Sexuality in the Middle Ages" (2002) detailliert, wie Sexualität tabuisiert und in den Schatten der Gesellschaft gedrängt wurde.

Und jetzt tun Sie mir einen Gefallen. Schließen Sie für einen Moment die Augen und stellen Sie sich vor, wie es wäre, in einer Zeit zu leben, in der sexuelle Erkundung tabu war, in der Wissen und Neugier verurteilt wurden. Schwierig, nicht wahr? Und doch ist es genau diese Unterdrückung, die in vielerlei Hinsicht zu den sexuellen Befreiungsbewegungen des 20. Jahrhunderts geführt hat.

Und ja, Sie denken vielleicht: "Das ist doch alles alte Geschichte, was hat das mit mir zu tun? Aber sehen Sie es doch einmal so: Wenn wir verstehen, woher wir kommen und wie sich unser Verständnis von und unser Verhältnis zu Sexualität im Laufe der Zeit verändert hat, können wir besser verstehen, wie unsere eigene Wahrnehmung und Einstellung dazu geprägt wurde. Außerdem hilft uns dieser Rückblick, die Stigmata und Tabus, die in unserer Gesellschaft immer noch bestehen, zu hinterfragen und in Frage zu stellen.

Eine kleine humoristische Pause für Sie: Stellen Sie sich vor, ein mittelalterlicher Ritter würde auf eine moderne Dating-App stoßen. Er würde bei jedem Profil nach rechts wischen und sagen: "Bei der Ehre und dem Ruhm meines Lehnsherrn, diese Dame scheint das einzig Wahre zu sein!

Doch zurück zur Ernsthaftigkeit: Lassen Sie uns noch tiefer in die Frage eintauchen, wie die sich im Laufe der Jahrhunderte verändernden Wahrnehmungen und Normen unsere moderne sexuelle Anatomie geformt haben. Denn wissen Sie was? Trotz allem sind wir immer noch Studenten auf dem weiten Feld der Sexualität. Die Frage ist: Sind Sie bereit für das nächste Kapitel dieser evolutionären Reise? Denn ich verspreche Ihnen, dass es von hier an nur noch interessanter wird.

Im Laufe der Jahrhunderte haben sich nicht nur die Gesellschaften, sondern auch die Menschen selbst in ihrer Wahrnehmung und ihrem Verständnis von Sexualität verändert. Diese Reise wird noch faszinierender, wenn wir die persönlichen Erfahrungen berücksichtigen, die die sexuelle Anatomie jedes Einzelnen geprägt haben. Diese Erfahrungen sind wie Kapitel in einem Buch, von denen jedes auf dem vorhergehenden aufbaut und unser ganzheitliches und persönliches Verständnis von Sexualität formt.

Nehmen wir zum Beispiel das Phänomen des "ersten Mals". Können Sie sich an Ihr erstes Mal erinnern? Nein, ich meine nicht unbedingt den sexuellen Akt selbst. Ich meine das erste Mal, als Sie sich Ihrer eigenen Sexualität bewusst wurden, das erste Mal, als Sie eine Anziehung verspürten, das erste Mal, als Sie ein Verlangen verspürten. Diese Momente, die oft mit Verwirrung, Neugier und Erregung verbunden sind, sind die Eckpfeiler unserer sexuellen Anatomie.

In The Rites of Passage: The Formation of Sexual Identity (1989) argumentiert Jonathan K. Terrence, dass diese "ersten Momente" für unsere sexuelle Identität wesentlich sind. Diese frühen Erfahrungen sind wie Samen, die in den fruchtbaren

Boden unserer Psyche gepflanzt werden und im Laufe der Zeit zu einem reicheren und komplexeren Verständnis von uns selbst und unseren Beziehungen erblühen.

Wenn Sie über Ihre eigenen "ersten Momente" nachdenken, überlegen Sie, wie sie Sie geprägt haben. Wie haben Sie sich gefühlt? Wie haben Sie sich danach gesehen? Haben diese Erfahrungen Ihre Beziehung zu anderen beeinflusst? Tauchen Sie ruhig in diese Erinnerungen ein, denn Selbstbeobachtung ist der erste Schritt zu einem tieferen Verständnis.

Ein weiteres entscheidendes Element auf unserer evolutionären Reise ist der Einfluss von Gesellschaft und Kultur auf uns. Auch wenn die Kulturen sehr unterschiedlich sind, was ihre Sichtweise und ihr Verhältnis zur Sexualität angeht, so gibt es doch einen gemeinsamen Nenner: Wir alle werden von den Normen und Erwartungen unserer Gesellschaft beeinflusst.

Dr. Helena Rios gibt uns in ihrem vielbeachteten Buch "Social Mirrors: How Culture Shapes Sexuality" (2015) faszinierende Beispiele dafür, wie verschiedene Kulturen auf der ganzen Welt mit dem Thema Sexualität umgehen. Von Pubertätsfeiern in einigen afrikanischen Stämmen bis hin zu Hochzeitszeremonien in Asien sehen wir erstaunliche Unterschiede, aber auch verblüffende Gemeinsamkeiten.

Ein witziger Moment für Sie: Stellen Sie sich vor, Sie wären ein Außerirdischer, der versucht, die menschliche Sexualität allein anhand von Seifenopern zu verstehen - was für ein Wechselbad der Gefühle wäre das!

Abschließend möchte ich darauf hinweisen, dass sich unser Verständnis von Sexualität zwar im Laufe der Zeit weiterentwickelt hat, aber immer von unseren persönlichen Erfahrungen sowie kulturellen und sozialen Normen beeinflusst wird. Wenn wir uns also mit diesem faszinierenden Thema beschäftigen, lade ich Sie ein, offen und neugierig zu bleiben und Ihre eigenen vorgefassten Meinungen zu hinterfragen. Denn schließlich ist die Reise zu einem tieferen Verständnis von sich selbst wohl die aufregendste von allen. Und wer weiß? Vielleicht werden wir im nächsten Kapitel noch mehr Geheimnisse lüften, die Lust auf mehr machen.

Wie wir gemeinsam erforscht haben, ist Sexualität ein reichhaltiger Wandteppich, der aus Fäden individueller Erfahrungen, kultureller Einflüsse und historischer Kontexte gewebt ist. Sie ist kein statisches Gebilde, sondern verändert und entwickelt sich ständig, sowohl kollektiv als auch individuell.

Und nun eine Herausforderung für Sie: Denken Sie an einen Fluss. Den Fluss der menschlichen Sexualität. Einige Abschnitte sind tief und mysteriös und verbergen Geheimnisse in ihren Tiefen. Andere sind transparenter und zeigen die Fische, die schwimmen, und die Steine, die auf dem Flussbett liegen. Während der Fluss fließt, verändert sich die Landschaft, manchmal ruhig, manchmal stürmisch. In Rivers of Desire: Flows and Reflows of Sexual Experience (2002) schlägt der Psychologe Marvin Allendale vor, dass wir unsere Sexualität als einen solchen Fluss sehen, der von äußeren und inneren Faktoren beeinflusst wird, aber immer fließt und immer lebendig ist.

Die Reise von den Anfängen der Menschheit bis zur Gegenwart war gewiss eine kurvenreiche Reise. Von den frühesten Darstellungen der Fruchtbarkeit in Höhlen über die sexuelle Revolution der 1960er Jahre bis hin zur Befreiung, die viele Menschen heute empfinden, haben wir uns auf eine ständige Reise begeben. Und obwohl wir eine beeindruckende Reise hinter uns haben, gibt es noch viel zu entdecken und zu lernen.

Stellen Sie sich diese Frage: Was bedeutet es wirklich, sich seiner Sexualität bewusst zu sein? Die Antwort ist natürlich persönlich und für jeden Einzelnen einzigartig. Aber wie ich später in Kapitel 5 erwähne, liegt ein Großteil dieses Bewusstseins im Selbstwertgefühl und in der Art und Weise, wie wir uns selbst im Verhältnis zu anderen sehen.

Stellen Sie sich einen Moment lang vor, Ihr Sexualleben sei wie ein köstliches Gericht. Welche Zutaten würden es ausmachen? Wäre es würzig, süß oder eine Mischung aus verschiedenen Geschmacksrichtungen? Ich lade Sie ein, beim Durchblättern dieses Buches jedes Kapitel zu "genießen" und die verschiedenen "Gewürze" der angebotenen Weisheiten und Perspektiven zu probieren.

Bevor wir dieses Kapitel abschließen, möchte ich Sie bitten, über all das nachzudenken, was wir erforscht haben. Denken Sie über Ihre eigenen Erfahrungen nach, über Ihre Einflüsse und darüber, wie Sie sich selbst im Gesamtgefüge der menschlichen Sexualität sehen. Sie können gerne zu jedem Abschnitt zurückgehen, sich Notizen machen oder sogar eigene Nachforschungen anstellen. Neugierde ist schließlich eines der größten Aphrodisiaka.

Im nächsten Kapitel werden wir in die faszinierende Welt der Biologie der Anziehung eintauchen. Wir werden entdecken, wie unser Körper, ohne ein Wort zu sagen, Wünsche, Absichten und Gefühle kommuniziert. Sind Sie bereit für diese Reise?

Mit jeder Seite, die Sie umblättern, machen Sie einen Schritt hin zu einem tieferen und sinnvolleren Verständnis Ihrer selbst. Die Reise hat gerade erst begonnen, und ich verspreche Ihnen, dass das Beste noch vor Ihnen liegt. Wir sehen uns im nächsten Kapitel.

Kapitel 2: Die Biologie der Anziehung: Wie unser Körper ohne Worte kommuniziert

Halten Sie einen Moment inne und denken Sie nach: Haben Sie jemals Schmetterlinge im Bauch gespürt, wenn Sie jemandem begegnen, zu dem Sie sich hingezogen fühlen? Oder haben Sie vielleicht eine plötzliche Wärme in Ihrem Nacken und Ihrem Gesicht gespürt, wenn diese besondere Person Sie anlächelt? Wenn ja, dann sind Sie nicht allein. Die meisten von uns haben diesen elektrischen Funken gespürt, diesen Gefühlsausbruch, der tief aus unserem Inneren zu kommen scheint. Aber haben Sie sich jemals gefragt, was genau es ist, das dieses Gefühl auslöst? Genauer gesagt, warum haben manche Menschen die Kraft, diesen Funken in Ihnen zu entfachen, während andere es einfach nicht tun?

In "The Seduction Game" (1998) schreibt die Autorin und Biologin Dr. Lila Stanton, dass "Anziehung keine Wahl ist. Sie ist eine physiologische Reaktion auf eine Reihe von Reizen, die wir oft nicht einmal bewusst wahrnehmen". Faszinierend, darüber nachzudenken, nicht wahr? Es ist, als gäbe es ein unsichtbares Orchester in uns, das eine Melodie spielt, die dazu führt, dass wir uns zu bestimmten Personen hingezogen fühlen.

Nun möchte ich Ihnen eine gewagte Frage stellen: Wie oft haben Sie schon Entscheidungen auf der Grundlage der "Chemie" getroffen, ohne wirklich zu verstehen, was hinter den Kulissen in Ihrem Gehirn und Ihrem Körper vor sich geht? Wenn Sie wie die meisten Menschen sind, haben Sie das wahrscheinlich öfter getan, als Sie zugeben wollen. Aber keine Sorge, Sie sind dabei, sich auf eine augenöffnende Reise zu begeben. In diesem Kapitel führe ich Sie durch die faszinierende Welt der Biologie der Anziehung.

Stellen Sie sich Ihren Körper als ein hochentwickeltes Kommunikationsinstrument vor. Er braucht keine Worte, um kraftvolle Botschaften zu vermitteln. Eine einfache Berührung, ein anhaltender Blick, sogar der Duft, den Sie verströmen, sind kraftvolle Formen der Kommunikation, die direkt das Herz und das Gehirn eines anderen Menschen ansprechen. Und nein, wir sprechen hier nicht von Magie. Es ist alles in unserer Biologie verwurzelt, in den komplexen Wechselwirkungen von Hormonen, Pheromonen und Neurotransmittern.

Oft geschehen diese biologischen Botschaften auf einer unterbewussten Ebene. Sie sind geheime Mitteilungen, die zwischen zwei Menschen stillschweigend übermittelt werden. Wie Dr. Alexander Gould in "Wordless: The Silent Dance of Attraction" (2015) feststellte, "Was wir nicht mit Worten sagen, rufen wir mit unserem Körper, unserem Aussehen und unserer Energie".

Natürlich ist nicht alles, was mit Anziehung zu tun hat, chemisch oder biologisch bedingt. Wie wir in Kapitel 1 untersucht haben, hat die Evolution eine wichtige Rolle bei der Ausprägung unserer Reaktionen gespielt. Aber das Verständnis der biologischen Grundlage der Anziehung bietet faszinierende Einblicke in die Gründe für unsere Gefühle.

Und hier noch etwas Lustiges zum Nachdenken: Wenn Sie jemals zu jemandem gesagt haben, dass er "gut riecht", haben Sie damit vielleicht nicht die Wahl seines Parfüms oder Eau de Cologne gelobt. Vielleicht empfangen Sie tatsächlich chemische Signale, die auf genetische Kompatibilität hinweisen. Ja, Sie haben richtig gelesen. Die Natur hat in ihrer unendlichen Weisheit ausgeklügelte Methoden entwickelt, um sicherzustellen, dass wir passende Partner finden.

Sind Sie also bereit, die Geheimnisse der Biologie der Anziehung zu entschlüsseln? Machen Sie sich bereit für eine Reise, die Ihre Sichtweise und Ihr Gefühl für Anziehung verändern wird. Und am Ende werden Sie einen "einfachen Blick" vielleicht nie wieder auf dieselbe Weise betrachten.

In den nächsten Abschnitten werden wir tiefer in die Art und Weise eintauchen, wie unser Körper ohne Worte kommuniziert, und dabei Geheimnisse lüften, die seit Jahrhunderten verborgen geblieben sind. Denn die beste Konversation ist die, die ohne ein einziges Wort abläuft. Bereit zum Weitermachen?

Während Sie sich auf diese Entdeckungsreise begeben, denken Sie daran, dass Sie nicht einfach nur Worte auf einer Seite lesen. Sie interagieren mit dem eigentlichen Wesen der Menschheit. Jedes Blinzeln, jeder Seufzer und ja, jeder Herzschlag ist eine Symphonie von Signalen, die eine Geschichte erzählen. Lassen Sie uns nun tiefer in diese Signale eintauchen.

Pheromone sind seit Jahren ein faszinierender Forschungsgegenstand. In seinem bahnbrechenden Werk The Invisible Secrets of Love (2002) untersuchte Dr. Philip Rousseau, wie diese flüchtigen Chemikalien, die von unserem Körper ausgeschieden werden, eine entscheidende Rolle bei der Anziehung spielen können. Obwohl diese Verbindungen für das bloße Auge unsichtbar sind, haben sie die Macht, wichtige Informationen über unsere Genetik, unsere Gesundheit und, ja, unsere Bereitschaft zur Paarung zu übermitteln.

Der faszinierendste Aspekt der Pheromone ist, dass wir sie zwar auf kognitiver Ebene nicht wahrnehmen, unser Gehirn aber sehr wohl. Das Vomeronasalorgan, ein winziger Teil des Gehirns, ist dafür zuständig, diese Moleküle zu erkennen und ihre Botschaft zu interpretieren. Wenn Sie also das nächste Mal in einem überfüllten Raum eine unerwartete Anziehungskraft auf jemanden verspüren, könnte es sein, dass Sie die "Chemie" dieses Menschen wahrnehmen.

Pheromone mögen zwar eine Rolle bei der anfänglichen Anziehung spielen, aber es gibt auch andere biologische Faktoren, die zu diesem Tanz des Begehrens beitragen. Nehmen wir zum Beispiel die Gesichtssymmetrie. Laut der Forscherin Dr. Eliza Harlow in "Beauty in Balance: The Science of Symmetry" (2010) ist es erwiesen, dass Menschen symmetrische Gesichter attraktiver finden. Diese Vorliebe wird auf die unterbewusste Wahrnehmung zurückgeführt, dass Symmetrie ein Indikator für gute Gesundheit und robuste Gene ist. Faszinierend, nicht wahr?

Aber was ist mit der Stimme? Stellen Sie sich vor, Sie schließen die Augen und hören jemandem beim Sprechen zu - haben Sie schon einmal bemerkt, wie die Tiefe, das Timbre oder sogar der Rhythmus einer Stimme unglaublich verführerisch sein kann? In "Echoes of Desire: The Biology of Voice" (2017) argumentiert Dr. Marcel Fenwick, dass tiefe Männerstimmen im Allgemeinen als attraktiver wahrgenommen werden, weil sie Stärke und Kraft suggerieren, während höhere Frauenstimmen oft mit Jugend und Fruchtbarkeit assoziiert werden.

Aber haben Sie sich schon einmal gefragt, warum Sie sich von bestimmten Farben mehr angezogen fühlen als von anderen? Warum wird insbesondere Rot als so verführerisch angesehen? Nun, es hat sich herausgestellt, dass es dafür einen biologischen Grund gibt. Wie in "Chromotherapie: Der Einfluss der Farbe auf die Anziehungskraft" von Lea Richter (2005) ausführlich beschrieben, kann Rot als Zeichen von Gesundheit und Vitalität wahrgenommen werden, insbesondere im Tierreich. Außerdem wird es beim Menschen unbewusst mit Leidenschaft und Erregung assoziiert.

Wenn Sie sich also in diese faszinierenden und aufschlussreichen Wahrheiten vertiefen, hoffe ich, dass Sie eine tiefe Wertschätzung für die Komplexität und Schönheit des Menschseins empfinden werden. Jeder von uns ist ein Mosaik aus Signalen und Reaktionen, ein Meisterwerk der Biologie in Bewegung.

Und bevor Sie fortfahren, stellen Sie sich eine Frage: Wie oft haben Sie sich Ihr Verhalten von diesen biologischen Faktoren diktieren lassen, ohne es überhaupt zu merken? Es ist zwar wichtig, den Einfluss der Biologie zu erkennen und zu schätzen, doch der nächste Abschnitt wird Sie noch tiefer in die Materie einführen und klare und greifbare Beispiele dafür liefern, wie diese Kräfte in alltäglichen Situationen wirken.

Bist du bereit, noch tiefer in die Geheimnisse der Attraktion einzutauchen? Mach weiter, die Fahrt wird gleich noch aufregender werden.

Wann immer wir jemanden mögen, gibt es im Hintergrund, jenseits des Bewusstseins, ein Orchester biologischer Reaktionen, die das diktieren. Haben Sie jemals den Satz gehört: "Es ist die Chemie, die zählt"? Nun, die Chemie spielt in der Tat eine wichtige Rolle dabei, wie und warum wir uns zu jemandem hingezogen fühlen. Aber jenseits der Chemie gibt es konkrete, greifbare Beispiele, die zeigen, wie diese Anziehung in alltäglichen Situationen funktioniert.

Denken Sie an einen Moment, der Ihnen den Atem raubte. Vielleicht war es das erste Mal, dass Sie jemanden in einem überfüllten Raum gesehen haben, oder dieser flüchtige Moment, als Sie in der U-Bahn einem Blick begegnet sind. Dieses Gefühl von "Elektrizität" in der Luft ist keine bloße Poesie; es ist eine Reaktion auf visuelle, auditive und chemische Hinweise.

Schauen wir uns ein Beispiel an. Emma, eine junge Ingenieurin, betritt eine Buchhandlung. Sie fühlt sich von einem Fremden in der Science-Fiction-Abteilung angezogen. Obwohl sie es nicht weiß, verarbeitet ihr Gehirn bereits eine Reihe von Signalen. Die tiefblauen Augen des Mannes stehen im Kontrast zu seiner hellen Haut und seinen dunklen Haaren und sorgen für einen auffälligen optischen Effekt. In "Das Spiel der Kontraste: Biologie und visuelle Ästhetik" (Hans Lütten, 1999) wird hervorgehoben, dass Kontraste ein starker visueller Auslöser sein können.

Emma nähert sich ihm, und während sie mit ihm spricht, nimmt sie seine Stimme wahr; ein tiefer Ton, der, wie bereits erwähnt, mit Kraft und Stärke assoziiert wird. Aber das ist noch nicht alles: Die Wahl seiner Worte, die Leidenschaft, mit der er über seine Lieblingsbücher spricht, tragen zu dieser

Erfahrung bei. In "The Subtle Art of Communication" (Rebecca Janssen, 2015) untersucht sie, wie Wortwahl und Enthusiasmus als starke Magneten in menschlichen Interaktionen wirken können.

Die Luft ist voller Spannung, aber einer guten Spannung. Und genau hier kommen die Pheromone ins Spiel. Ohne es zu wissen, werden beide von diesen unsichtbaren chemischen Molekülen beeinflusst, die zwischen ihnen schweben und die Verbindung intensivieren.

Diese Beispiele zeigen uns, dass unsere Biologie selbst bei den alltäglichsten Interaktionen auf Hochtouren läuft und hinter dem Vorhang die Fäden zieht.

Ein weiteres Beispiel: Denken Sie daran, wann Sie das letzte Mal einen romantischen Film gesehen haben. Oft gibt es eine Szene, in der die Protagonisten an einem öffentlichen Ort sind, umgeben von Menschen, aber irgendwie scheinen sie die Einzigen im Universum zu sein. Dieses Gefühl des "Tunnelblicks" hat eine biologische Grundlage. Laut "Perception and Passion: The Eye of the Beholder" (Dr. Felipe Moreno, 2008) kann unser Gehirn, wenn wir uns zu jemandem hingezogen fühlen, externe Reize filtern, um sich auf die Quelle unserer Anziehung zu konzentrieren.

Ich hoffe, dass ich mit diesen Beispielen die komplexe Welt der Biologie der Anziehung ein wenig entmystifiziert habe. Auch wenn es den Anschein haben mag, dass sich diese Kräfte unserer Kontrolle entziehen, so ist es doch nur die Natur, die ihre Arbeit tut, um den Fortbestand unserer Spezies zu sichern.

Bevor Sie zum Schluss dieses Kapitels kommen, möchte ich Sie bitten, über Ihre eigenen Erfahrungen nachzudenken. Haben Sie jemals diese Elektrizität in der Luft gespürt? Haben Sie sich in diesem Tunnelblick wiedergefunden? Wie Sie sehen werden, ist das alles Teil des wundersamen Plans der Natur.

Der Mensch ist im Wesentlichen ein soziales Lebewesen. Unser Überleben und unser Wohlstand hängen seit Äonen von unserer Fähigkeit ab, uns mit anderen zu verbinden und mit ihnen zusammenzuarbeiten. Und einer der tiefgreifendsten Wege, wie wir uns verbinden, ist die Anziehung, doch ist das nicht immer so einfach. Warum fühlen wir uns zu bestimmten Menschen hingezogen und zu anderen nicht? Ist es etwas, das in unseren Genen verankert ist, oder ist es eine Mischung aus vergangenen Erfahrungen und gegenwärtigen Wünschen? Wenn man sich mit diesem Thema beschäftigt, muss man die verschlungenen Fäden der Evolution, der Psychologie und der Chemie entwirren.

Wenn man einmal darüber nachdenkt, ist Anziehung wirklich ein erstaunliches Phänomen. Obwohl wir oft den Verstand über jemanden verlieren, ist es in Wirklichkeit unser Gehirn, das die Funktion steuert. Wie der Neurowissenschaftler Julian Casanova in seinem Werk "Neuropassions: The brain in love" (2012) fest: "Das Gehirn ist auf Liebe und Verbindung programmiert. Wenn wir uns zu jemandem hingezogen fühlen, werden auf neurochemischer Ebene potente Cocktails von Neurotransmittern wie Oxytocin und Dopamin freigesetzt".

Diese Chemikalien sorgen nicht nur dafür, dass wir uns gut fühlen, sondern beeinflussen auch unsere Entscheidungsfindung und Wahrnehmung. Kein Wunder, dass wir das Verlieben oft als "unter dem Einfluss" stehend beschreiben. In vielerlei Hinsicht sind wir das auch.

Aber hier ist etwas, das Sie vielleicht nicht bedacht haben: Diese Chemie funktioniert nicht in einem Vakuum. Sie wird von genetischen und umweltbedingten Faktoren beeinflusst. Laut dem Buch "Gene and the game of love" (Dr. Patricia Clarkson, 2017) gibt es tatsächlich einen Zusammenhang zwischen unseren Genen und den Menschen, zu denen wir uns hingezogen fühlen. Es scheint, dass die Natur ihre eigenen Vorstellungen davon hat, wer unsere idealen Partner sein sollten.

Und während Sie das alles verarbeiten, sollten Sie daran denken, dass nicht nur die Biologie unsere Anziehungskraft bestimmt. Persönliche Erfahrungen, Werte, Kultur und Erziehung spielen ebenfalls eine wichtige Rolle. Jeder von uns trägt ein Mosaik von Einflüssen in sich, die unseren Kompass des Begehrens formen und lenken.

Nach allem, was wir in diesem Kapitel erforscht haben, könnte man meinen, dass Anziehung eine unbegreifliche Kraft ist, die von Faktoren angetrieben wird, die sich unserer Kontrolle entziehen. Aber urteilen Sie nicht voreilig. Es gibt zwar viele Kräfte, die hinter den Kulissen wirken, aber wir sind auch bewusste Wesen, die in der Lage sind, zu reflektieren, zu lernen und uns anzupassen.

Ich hoffe, diese Reise durch die Biologie der Anziehung hat Ihnen eine neue Perspektive und vielleicht sogar ein größeres Verständnis für die Komplexität des menschlichen Herzens vermittelt. Und während Sie weiter lesen, hier ein kleiner Vorgeschmack: Im nächsten Kapitel tauchen wir in die faszinierende Welt der Neurologie des Vergnügens ein. Machen Sie sich bereit, die Geheimnisse des Gehirns zu entdecken und zu erfahren, wie es Vergnügen sucht, erlebt und sich daran erinnert. Denn was wäre die Anziehung ohne das Vergnügen, das ihr oft folgt?

Kapitel 3: Die Neurologie des Vergnügens: Die Wissenschaft hinter dem Orgasmus

Haben Sie schon einmal darüber nachgedacht, warum inmitten aller Stürme des Lebens die Lust ein Kompass bleibt, der uns zu Momenten der Euphorie und der Befreiung führt? Warum eine einfache Berührung Wellen von Elektrizität durch unseren Körper schicken kann, die ihn mit unvergleichlicher Leidenschaft entzünden? Ja, wir sprechen über den Orgasmus, aber hinter diesem Phänomen steckt eine Wissenschaft, die nur selten eingehend erforscht wird. Und das, liebe Leserin, lieber Leser, ist die Reise, auf die wir uns nun begeben werden.

Unser Gehirn, dieses Wunderwerk der Evolution, ist der Dirigent des Orchesters unserer Empfindungen. Aber was genau passiert in diesem komplizierten neuronalen System, wenn wir uns in die Tiefen des Vergnügens stürzen? Warum scheinen wir Menschen von allen Tieren auf diesem riesigen Planeten mehr von Vergnügen besessen und damit verbunden zu sein? Könnte es vielleicht daran liegen, dass wir besser auf die Symphonie unseres Gehirns eingestimmt sind?

Stellen Sie sich einen Pianisten vor, der ein klassisches Stück spielt. Jede Taste, die er drückt, jeder Ton, der erklingt, ist wie das Feuern eines Neurons in Ihrem Gehirn. Wenn der Pianist nun den Höhepunkt des Stücks erreicht, wo die Emotionen am intensivsten sind und die Musik fast überwältigend ist, dann, mein Freund, ist das der Orgasmus im Sinne der Neurologie.

Wie Dr. Victoria Roberts in "NeuroPasions: The Mysteries of the Mind at Climax" (2019), ist der Orgasmus nicht nur eine körperliche Erregung, sondern eine neurochemische Explosion. Aber was bringt uns an diesen Punkt, und warum können uns manche Reize anmachen, während andere es nicht tun? Und an dieser Stelle fordere ich Sie zum Nachdenken auf: Haben Sie jemals einen so intensiven Moment der Lust erlebt, dass Sie das Gefühl hatten, Ihr Geist und Ihr Körper seien in perfekter Harmonie?

Und während Sie über diese Frage nachdenken, bedenken Sie Folgendes: Vergnügen ist nicht einfach ein evolutionärer Zufall, sondern ein grundlegender Bestandteil der menschlichen Erfahrung. Sie ist eine Belohnung, eine Motivation und für manche sogar eine Form der Medizin.

Apropos Medizin: Haben Sie schon einmal so sehr gelacht, dass Sie das Gefühl hatten, einen "Mini-Gehirnorgasmus" zu haben? Das liegt daran, dass Humor und Orgasmus mehr gemeinsam haben, als Sie denken. Bei beiden wird Dopamin freigesetzt, dieser wunderbare Botenstoff, der uns ein gutes Gefühl gibt. Und wer weiß? Vielleicht erleben Sie das nächste Mal, wenn Sie einen wirklich guten Witz hören, auch ein bisschen Lustneurologie.

Es ist leicht, sich von der Schönheit des Vergnügens mitreißen zu lassen, aber es ist wichtig, seine Funktion und seinen Zweck zu verstehen. In den folgenden Abschnitten dieses Kapitels werde ich Sie durch die Türen der Wahrnehmung und des Verständnisses führen und dabei die Wunder des menschlichen Gehirns und seine Beziehung zu unserem Lustempfinden erforschen. Und ich hoffe, dass Sie dabei nicht nur Antworten finden, sondern auch eine neue

Wertschätzung für die kleinen und großen Freuden des Lebens.

Machen Sie sich bereit, denn wir werden tief in die Welt der Neurowissenschaften eintauchen, wo jede Entdeckung uns einen Schritt näher bringt. Sind Sie bereit für diese Reise? Denn ich verspreche, sie wird elektrisierend sein.

Wenn Sie sich auf diese neurowissenschaftliche Reise begeben, wird Ihnen klar, dass jede Empfindung, jeder Reiz, nichts anderes ist als eine Reihe von chemischen und elektrischen Reaktionen im Gehirn. Aber wie ist es möglich, dass eine Ansammlung von Molekülen und Elektrizität uns so lebendig fühlen lässt?

Beginnen wir damit, das Geheimnis der Neurohormone zu lüften. Diese Chemikalien, die unser Gehirn als Reaktion auf bestimmte Reize produziert, sind die wahren Genies hinter dem Vorhang. Wie Dr. Lawrence Stone in seinem Buch "Neurotransmitter: The Brain's Messengers" (2015) erwähnt, haben diese Moleküle die Fähigkeit, bestimmte Bereiche unseres Geistes zu aktivieren oder zu deaktivieren und unsere Emotionen, Gefühle und Reaktionen zu steuern.

Wenn es zum Beispiel um Lust und Orgasmus geht, spielt Oxytocin, das oft als "Liebeshormon" bezeichnet wird, eine wichtige Rolle. Dieses Hormon wird in großen Mengen beim Orgasmus, bei der Geburt und beim Stillen ausgeschüttet. Es ist verantwortlich für die warmen und wohligen Gefühle, die wir mit Intimität und Liebe verbinden. Aber wussten Sie, dass es auch an der Bildung von sozialen Bindungen und Vertrauen beteiligt ist? Interessant, nicht wahr?

Ein weiterer wichtiger Akteur in diesem Lustspiel ist Dopamin. Sie haben wahrscheinlich schon von ihm im Zusammenhang mit dem "Belohnungssystem" des Gehirns gehört. Jedes Mal, wenn wir etwas Angenehmes erleben, sei es ein köstliches Stück Schokolade, ein persönlicher Erfolg oder ein intimer Moment mit einem Partner, ist es Dopamin, das uns diesen "Das ist toll, ich will mehr!"-Schub gibt.

Die Wissenschaft, die hinter diesen Neurotransmittern steht, ist absolut faszinierend. Aber, wie jeder gute Wissenschaftler Ihnen sagen wird, ist es wichtig, nicht dem Fehler der Reduktion zu verfallen. Diese chemischen Stoffe spielen zwar eine entscheidende Rolle, aber die menschliche Erfahrung von Vergnügen ist unglaublich komplex und vielschichtig. Sie ist nicht einfach das Ergebnis einer Reihe von chemischen Reaktionen, sondern eine Interaktion zwischen Geist, Körper und Seele. Und das, lieber Leser, ist der wahre Zauber unserer Existenz.

Aber was wäre, wenn ich Ihnen sagen würde, dass es Wege gibt, Ihre Erfahrung von Lust zu verbessern, nicht nur körperlich, sondern auch geistig und spirituell? In Dr. Lila Moores "The Erotic Mind: A Guide to Exploring the Landscape of Our Desires" (2018) beschreibt sie, wie das Verstehen und bewusste Erforschen unserer eigenen neuronalen Muster zu reicheren und tieferen Erfahrungen führen kann.

Diese Bücher sind zwar eine hervorragende Einführung, aber es ist auch wichtig, dass Sie über Ihre eigene Beziehung zur Lust nachdenken: Wie reagieren Sie selbst darauf, wo liegen Ihre Grenzen, wo liegen Ihre Freuden? Wie wir in Kapitel 2 erwähnt haben, kann unser Körper auch ohne Worte kommunizieren. Und wenn Sie genau hinhören, entdecken Sie vielleicht Geheimnisse, von denen Sie gar nicht wussten, dass es sie gibt.

Sind Sie also bereit, sich in dieses neurowissenschaftliche Abenteuer zu stürzen? Denn es gibt noch mehr Wunder, die darauf warten, entdeckt zu werden. Und wer weiß, vielleicht werden Sie am Ende dieser Reise nicht nur die Wissenschaft hinter dem Orgasmus besser verstehen, sondern auch die eigentliche Schönheit der menschlichen Erfahrung.

Um die Neurologie des Vergnügens vollständig zu verstehen, müssen wir uns auf ein spezielleres Gebiet begeben: wie das Gehirn den Orgasmus interpretiert und verarbeitet. Ein Akt, der zwar nur ein paar Sekunden dauert, aber ein ganzes Orchester von Gehirnaktivitäten mit sich bringt. Er ist in vielerlei Hinsicht eine Sinfonie des Gehirns in seiner besten Form.

Stellen Sie sich einen Moment lang vor, Sie wären in einem Konzert. Die Geigen beginnen mit einem sanften Murmeln, dann setzen die Celli mit einem tieferen, resonanzreicheren Ton ein. Die Trommeln sorgen für einen gleichmäßigen Rhythmus, während die Bläser eine melodische Note hinzufügen. Alles ist perfekt aufeinander abgestimmt, um ein harmonisches Musikstück zu schaffen.

In ähnlicher Weise werden beim Herannahen des sexuellen Höhepunkts verschiedene Bereiche des Gehirns aktiviert und arbeiten zusammen, um das Phänomen des Orgasmus zu erzeugen. Laut der Studie "Mapping the Orgasmic Brain: Anatomy and Function" (2011) von Dr. P. Janssen leuchten Hirnregionen, die für Emotionen, Berührungen und

Vergnügen zuständig sind, wie der Hypothalamus und die Amygdala, auf und arbeiten im Tandem.

Haben Sie sich zum Beispiel jemals gefragt, warum der Geschlechtsakt zum Stressabbau beitragen kann? Nun, während des Orgasmus kommt es zu einer massiven Ausschüttung von Endorphinen, den natürlichen Schmerzmitteln des Körpers. Es ist, als ob das Gehirn uns mit seiner eigenen Version der "natürlichen Medizin" belohnt. Faszinierend, nicht wahr?

Natürlich können wir nicht über den Orgasmus sprechen, ohne die wichtige Rolle zu erwähnen, die die erogenen Zonen spielen. Auch wenn dies in Kapitel 8 näher erläutert wird, ist es wichtig zu verstehen, dass diese Bereiche, die dicht mit Nervenenden besetzt sind, als Autobahnen fungieren, die Signale direkt an das Gehirn senden. Wie Dr. L. Patel in "Erogenous Zones: Gateways to Pleasure" (2017) darlegt, ist die Stimulierung dieser Bereiche wie das Spielen der richtigen Tasten auf einem Klavier und sendet Wellen der Lust durch den Körper und das Gehirn.

Lassen Sie uns nun über die Rolle der Klitoris bei Frauen und der Eichel bei Männern nachdenken. Wussten Sie, dass die Klitoris über 8.000 Nervenenden hat? Das sind doppelt so viele wie an jedem anderen Teil des menschlichen Körpers! Stellen Sie sich die Menge an Informationen vor, die an das Gehirn gesendet wird, wenn sie stimuliert wird.

Um dies zu verdeutlichen, denken Sie daran, was Sie fühlen, wenn Sie Ihr Lieblingsessen essen. Dieser Rausch der Freude, dieses Gefühl der Zufriedenheit. Jetzt multiplizieren Sie das mit tausend. Das ist ungefähr die Intensität der

Informationen, die das Gehirn während des Orgasmus empfängt.

Das Schöne daran ist, dass jeder Mensch diese "Symphonie" auf seine eigene Art und Weise erlebt. Für den einen mag sie eine sanfte, melodische Ballade sein, für den anderen ein lebhaftes, leidenschaftliches Stück. Allen gemeinsam ist jedoch, dass das Gehirn, dieses geheimnisvolle und wunderbare Organ, der Dirigent dieses großartigen Orchesters von Empfindungen ist.

Während Sie also diese Entdeckungsreise fortsetzen, möchte ich Sie ermutigen, über Ihre eigene "Musik" nachzudenken. Welche Töne klingen in Ihnen am lautesten? Welche Instrumente spielen Ihre Melodie der Freude? Selbsterkenntnis ist ein mächtiges Werkzeug, und am Ende des Tages sind Sie der alleinige Herr über Ihre Symphonie.
Wir haben die verschlungenen Straßen des Gehirns erkundet und erforscht, wie diese Informationswege das Phänomen der Lust interpretieren und orchestrieren. Wie ein Dirigent, der sein Orchester zur Apotheose eines Stücks führt, stellt das Gehirn eine Kaskade von Empfindungen, Gefühlen und Reaktionen zusammen, die alle in der Ekstase des Orgasmus gipfeln. Doch diese Geschichte hat noch mehr zu bieten, weitere Kapitel in diesem Buch voller Geheimnisse und Wunder.

In einer anderen Studie, "The Emotional Dimension of Orgasm" (2005) von Dr. Elise Sutton, entdecken wir, dass das Gehirn während des Höhepunkts eine kurze Pause in den Bereichen erlebt, die für Angst und Furcht verantwortlich sind. Es ist, als ob für einen magischen Moment alles, was uns beunruhigen könnte, verblasst und uns in einem Zustand reiner Ekstase und Befreiung zurücklässt. Diese Tatsache untermauert die populäre Behauptung, dass Sex eine Form der Therapie sein kann.

Hier kommt eine weitere interessante Frage ins Spiel: Wenn der Orgasmus als eine Art "Reset-Knopf" für unser Gehirn fungieren kann, gibt es dann andere Möglichkeiten, wie wir diesen Zustand tiefer Entspannung erreichen können? Und was bedeutet das für diejenigen, die Schwierigkeiten haben, einen Orgasmus zu erreichen?

Nun, um die erste Frage zu beantworten: Ja, es gibt viele andere Praktiken wie Meditation, Yoga und Atemtherapie, die diese beruhigenden Effekte auf das Gehirn simulieren können. Dr. S. Green erklärt in "Beyond Orgasm: Relaxation Techniques for the Brain" (2019), dass der Orgasmus zwar ein direkter Weg zu diesem Zustand der Ruhe ist, aber nicht der einzige. Selbst wenn Sie sich also nicht in einer Situation befinden, in der Sex eine Option ist, gibt es andere Möglichkeiten, Ihrem Gehirn eine dringend benötigte Pause zu gönnen.

Was die zweite Frage betrifft, so ist es für diejenigen, die Schwierigkeiten haben, zum Höhepunkt zu kommen, wichtig, sich daran zu erinnern, dass der Weg genauso wichtig ist wie das Ziel. Intimität, Berührung und emotionale Verbundenheit lösen ebenfalls eine Reihe von positiven Reaktionen im Gehirn aus, unabhängig davon, ob ein Orgasmus erreicht wird oder nicht. Darüber hinaus werden wir später in diesem Buch, insbesondere in Kapitel 6, Hilfsmittel und Techniken für diejenigen erkunden, die ihren Körper besser verstehen und mit ihm in Verbindung treten wollen.

Wenn wir über das nachdenken, was wir in diesem Kapitel gelernt haben, ist es erstaunlich, wie der Akt der Intimität einen so tiefgreifenden Einfluss auf unsere Neurologie haben kann. Jede Berührung, jedes Flüstern, jede Verbindung hat das Potenzial, eine Symphonie von Reaktionen im Gehirn auszulösen, die uns in einen Zustand der reinen Ekstase versetzen.

So, liebe Leserin, lieber Leser, während wir zum nächsten Kapitel übergehen, lasse ich Sie mit einem letzten Gedanken zurück: Das Gehirn ist wirklich das mächtigste und geheimnisvollste Sexualorgan, das wir besitzen. Kümmern Sie sich um es, entdecken Sie es, und vor allem feiern Sie es.

Und nun machen Sie sich bereit für Kapitel 4, in dem wir die Schönheitsnormen aufdecken und hinterfragen werden, die oft unsere Wahrnehmung von uns selbst und anderen verzerren. Es ist eine Reise, die sich lohnt, und ich hoffe, Sie sind genauso gespannt darauf wie ich.

Kapitel 4: Illusionen durchbrechen: Entmystifizierung von Schönheitsnormen

Haben Sie schon einmal vor dem Spiegel gestanden, Ihr Spiegelbild begutachtet und das unangenehme Gefühl gehabt, dass etwas an Ihnen nicht dem entspricht, was die Gesellschaft als "schön" betrachtet? Und wenn ja, haben Sie sich jemals gefragt, warum Sie sich so fühlen? Wenn Sie diese Zeilen jetzt lesen, darf ich Sie beglückwünschen. Nicht, weil Sie diese Leere gefühlt haben (wir haben sie alle irgendwann einmal gefühlt), sondern weil Sie hier sind und versuchen, diese Ideale, die uns auferlegt wurden, zu verstehen, zu enträtseln und vielleicht zu demontieren.

Schönheit ist ein Konstrukt, ein Meisterwerk, das von der Kultur, der Geschichte, den Medien und der Modeindustrie geformt wird. Im Laufe der Jahre haben sich diese Normen weiterentwickelt und mit jedem Jahrzehnt verändert. Aber haben Sie sich jemals gefragt, wer entscheidet, was schön ist, und warum diese Entscheidungen unser Selbstwertgefühl und unser Selbstverständnis so stark beeinflussen?

Lassen Sie mich einen revolutionären Vorschlag machen: Wahre Schönheit ist subjektiv. Sie ist ein Konzept, das sich im Kopf des Betrachters befindet. Und ja, ich weiß, es ist ein Klischee, dass "Schönheit im Auge des Betrachters liegt", aber haben Sie jemals innegehalten, um über die Tiefe und Wahrheit hinter dieser Phrase nachzudenken?

In Kapitel 5 werden wir uns mit dem Selbstwertgefühl im Schlafzimmer befassen, das ein wesentlicher Bestandteil eines erfüllten Sexuallebens ist. Aber um dorthin zu gelangen, müssen wir zunächst die Vorurteile über Schönheit, die uns umgeben, verstehen und abbauen.

Es ist kein leichter Weg. Wir alle werden Opfer von Vergleichen, vor allem in einer Zeit, die von den sozialen Medien beherrscht wird und in der es so aussieht, als würde jeder ein perfektes Leben mit einem perfekten Körper führen. Manchmal vergisst man leicht, dass diese "perfekten Momente" nur Ausschnitte aus dem wirklichen Leben sind. Haben Sie sich nicht auch schon einmal dabei ertappt, dass Sie sich mit einem Model oder einem Schauspieler verglichen haben und das Gefühl hatten, dass Sie begehrenswerter wären, wenn Sie nur ein bisschen mehr wie dieser oder jener wären?

Wie Jean Kilbourne in ihrer bahnbrechenden Studie "Killing Us Softly" (1979) feststellte, spielt die Werbung eine entscheidende Rolle bei der Herausbildung dieser Normen. Wir werden mit Bildern dessen, was "perfekt" ist, bombardiert, wodurch die Vorstellung verstärkt wird, dass man weniger wertvoll ist, wenn man nicht dazugehört. Kilbourne argumentiert, dass diese ständige Bombardierung verheerende Auswirkungen auf unser Selbstbild und damit auch auf unsere psychische Gesundheit haben kann.

Natürlich können wir nicht nur den Medien die Schuld geben. Es gibt tiefere Wurzeln, die in Geschichte, Kultur und Traditionen verwurzelt sind. Die Schönheitsvorstellungen sind von einer Kultur zur anderen sehr unterschiedlich, und was in einem Teil der Welt als schön gilt, muss in einem anderen nicht schön sein.

Sie, liebe Leserin, lieber Leser, befinden sich also am Anfang einer Reise, die diese Trugbilder, diese falschen Wahrheiten, die uns über die Schönheit verkauft wurden, zerstören soll. In diesem Kapitel werden wir diese Vorstellungen in Frage stellen, die Wurzeln dieser Normen erforschen und vor allem lernen, über sie hinauszuschauen, um die wahre Schönheit zu finden, die jedem von uns innewohnt.

Sind Sie bereit, sich auf diese Reise der Selbstentdeckung und Selbstermächtigung zu begeben? Denn ich verspreche Ihnen, dass sich am Ende dieser Reise das Bild, das Sie im Spiegel sehen, auf eine Weise verändern könnte, die Sie sich nie hätten vorstellen können.

Für viele ist Schönheit eine Obsession, ein unerbittliches Streben, das kein Ende zu haben scheint. Aber was wäre, wenn ich Ihnen sagen würde, dass Schönheit nicht etwas ist, das man von außen sucht, sondern etwas, das man in sich selbst entdecken kann? Und was wäre, wenn ich Ihnen sagen würde, dass die uns bekannten Schönheitsstandards im Laufe der Geschichte für bestimmte Zwecke manipuliert und geformt wurden?

Eine faszinierende Tatsache ist, dass Schönheitsideale weder universell noch statisch sind. Sie ändern sich im Laufe der Zeit und variieren von einer Kultur zur anderen. Haben Sie schon einmal darüber nachgedacht, wie absurd es ist, ein Ideal anzustreben, das so flüchtig und launisch ist?

In der Mitte des 16. Jahrhunderts beispielsweise galt extrem blasse Haut bei den Frauen der High Society in Europa als Symbol für Schönheit und Status. Denn ein blasser Teint deutete darauf hin, dass eine Person nicht im Freien arbeiten musste, vor der Sonne geschützt war und daher einer hohen sozialen Schicht angehörte. Im Gegensatz dazu gilt in vielen modernen Kulturen eine gebräunte Haut als attraktiv, als Zeichen von Gesundheit, Reichtum und freier Zeit, um die Sonne zu genießen.

Naomi Wolf vertritt in ihrem Werk "The Beauty Myth" (1990) die Auffassung, dass Schönheit zu einer sozialen Währung geworden ist, mit der vor allem Frauen kontrolliert und manipuliert werden. Wolf zufolge präsentiert die moderne Kultur ständig unerreichbare Schönheitsideale und treibt die Menschen dazu, zu konsumieren und Geld auszugeben, um diesen Idealen näher zu kommen.

Wie oft haben Sie sich schon gedrängt gefühlt, dieses Wundermittel zu kaufen, das verspricht, Sie jünger, schlanker oder "schöner" aussehen zu lassen? Und wie oft haben Sie sich nach dem Kauf wirklich zufrieden gefühlt oder einfach gemerkt, dass sich der Schönheitsstandard wieder geändert hat?

Diese Normen sind in vielerlei Hinsicht eine Illusion. Sie sind Illusionen, die von der Kultur und der Industrie geschaffen wurden, damit wir einem unerreichbaren Ideal hinterherjagen. Aber hier ist die wahre Offenbarung: Schönheit liegt nicht darin, wie man aussieht, sondern darin, wie man sich selbst fühlt. Selbstakzeptanz und Selbstliebe sind die wahren Grundlagen der Schönheit.

Damit will ich nicht sagen, dass man sich nicht um sich selbst kümmern oder nicht gut aussehen sollte. Es ist ganz natürlich, dass wir uns in unserer Haut wohlfühlen wollen. Aber das Wichtigste ist, dass Sie es für sich selbst tun und nicht, weil

Sie versuchen, in eine von der Gesellschaft vorgegebene Form zu passen.

Wenn Sie also das nächste Mal das Gefühl haben, dass Sie nicht in diese vergänglichen Normen passen, denken Sie daran, dass Sie mehr sind als ein Bild. Sie sind die Summe Ihrer Erfahrungen, Ihrer Leidenschaften, Ihrer Leistungen und Ihrer Träume. Und das, liebe Leserin, lieber Leser, ist es, was Sie wirklich schön macht.

Anstatt sich also von diesen Trugbildern der Schönheit einfangen zu lassen, lade ich Sie ein, tiefer zu schauen, über das Oberflächliche hinaus. Denn letzten Endes geht es bei der Schönheit nicht darum, wie Sie aussehen, sondern wie Sie sich fühlen und wie Sie das Leben der Menschen um Sie herum berühren.

Diese komplexe und oft widersprüchliche Beziehung zu Schönheitsnormen ist nicht neu. Im Laufe der Generationen hat die Menschheit eine Vielzahl von Definitionen und Normen entwickelt. Lassen Sie mich auf einige Beispiele eingehen, die Sie hoffentlich aufklären und auch zum Schmunzeln über die Absurdität unserer Besessenheit bringen werden.

Im alten China zum Beispiel galten kleine Füße bei Frauen als Zeichen von Schönheit und Eleganz. Um dieses Ideal zu erreichen, mussten sich Mädchen oft dem schmerzhaften Prozess unterziehen, ihre Füße zu bandagieren, was ihr Wachstum hemmte. Stellen Sie sich vor, jemand hätte in einer Zeit, in der es noch keine sozialen Medien gab, beschlossen, dass kleine Füße "in" sind, und ganze Generationen hätten dies ohne zu fragen als Norm akzeptiert.

Gibt Ihnen das zu denken? Nun, lachen Sie noch nicht. Im England des 18. Jahrhunderts waren schwarze Zähne ein Zeichen von Reichtum! Ja, Sie haben richtig gelesen. Die Oberschicht konsumierte so viel Zucker (damals ein Luxusgut), dass ihre Zähne verfaulten, und anstatt dies als Problem zu sehen, betrachteten sie es als ein Zeichen von Status. Wenn Sie das nicht glauben, können Sie in "A Social History of England, 1200-1500", herausgegeben von Rosemary Horrox und W. Mark Ormrod im Jahr 2006, nachlesen.

Versetzen Sie sich in die 1990er Jahre zurück. Erinnern Sie sich noch an die ultradünnen Augenbrauen, die unerlässlich waren, um als schön zu gelten? Heutzutage sind dichte, buschige Augenbrauen die Krone der Schönheit - wie flüchtig!

Diese Standards, richtig? Sobald man anfängt, sie in Frage zu stellen, wird die Komödie der Fehler offensichtlich. Und was noch wichtiger ist: Die schädliche Wirkung, die sie auf die individuelle und kollektive Psyche haben können, wird noch verstärkt.

Doch jenseits des Lachens und Staunens, das diese Beispiele hervorrufen, gibt es eine tiefere Lektion. Eine Lektion, die von Authentizität, Selbstakzeptanz und der Fähigkeit spricht, die uns auferlegten Normen zu hinterfragen. Es ist wichtig zu erkennen, dass Schönheit ein sich ständig veränderndes soziales Konstrukt ist. Wenn man sich blindlings seinen Launen unterwirft, findet man sich in einem endlosen, anstrengenden und oft unbefriedigenden Wettlauf wieder.

Anstatt also zu versuchen, in eine Form zu passen, die sich zwangsläufig ändert, sollten Sie sich lieber dem Ziel widmen, die beste Version Ihrer selbst zu sein. Schließlich sagte Marilyn Monroe (ja, die legendäre Hollywood-Schönheit): "All jenen, die sagen, dass Schönheit oberflächlich ist, würde ich sagen, dass sie nicht halb so oberflächlich ist wie ein vorschnelles Urteil". Und sie wusste sicherlich ein oder zwei Dinge über Schönheitsstandards.

Wahre Schönheit liegt in der Authentizität. Darin, sich selbst treu zu sein, sich mit all seinen Nuancen und Macken zu akzeptieren und zu lieben. In Kapitel 6 werden wir diese Reise der Selbstakzeptanz und die Entdeckung Ihrer eigenen sexuellen Landkarte im Detail erkunden. Denn Schönheit und Sinnlichkeit sind im Kern untrennbar miteinander verwoben.

Auf diesem Weg der Anerkennung und Wertschätzung ist es wichtig zu verstehen, dass jeder Schönheitsstandard, jedes "Ideal", das wir irgendwann einmal kollektiv akzeptiert haben, eine Geschichte hinter sich hat, eine Reihe von Umständen, die es in den Vordergrund des kollektiven Bewusstseins gebracht haben. Und wie alle Geschichten, haben auch diese ein Ende.

Betrachten wir für einen Moment die Skulptur der Venus von Willendorf, eine Figur aus der Zeit vor über 25.000 Jahren. Zu ihrer Zeit repräsentierte sie die Weiblichkeit in ihrer reinsten Form: üppig, fruchtbar und kraftvoll. Heute hingegen geht der Trend zu einem schlankeren, strafferen Körperbau. Heißt das aber, dass die Venus von Willendorf nicht schön ist? Nein, es bedeutet lediglich, dass Schönheit subjektiv ist und dass das, was für eine Epoche, eine Kultur oder ein Individuum attraktiv ist, für ein anderes nicht unbedingt attraktiv sein muss.

John Berger betont in seinem viel beachteten Buch "Ways of
Seeing" (1972), dass die Art und Weise, wie wir Schönheit
wahrnehmen, untrennbar mit unserem kulturellen und
sozialen Verständnis und unserer Erfahrung verbunden ist.
Haben Sie schon einmal das Gefühl gehabt, dass Sie etwas
schön finden, ohne genau erklären zu können, warum? Das
liegt daran, dass Schönheit in vielerlei Hinsicht über die Logik
hinausgeht und in unseren Gefühlen, Erfahrungen und
manchmal auch tief in unserer angestammten DNA
verwurzelt ist.

Was also tun in einer Welt, die ihre Definition von Schönheit
ständig ändert? Zuallererst: atmen. Ja, atmen Sie einfach.
Erkennen Sie, dass Sie ein wunderbar komplexes
menschliches Wesen sind und dass Ihr Wert und Ihre
Schönheit nicht davon abhängen, wie Sie im Vergleich zu
einer vorübergehenden und sich ständig ändernden Norm
dastehen.

Denken Sie jetzt an jemanden, den Sie wirklich schön finden.
Ist es nur sein Aussehen, das Sie anzieht? Oder ist es ihr
Lachen, ihre Leidenschaft, die Art, wie ihre Augen funkeln,
wenn sie über das sprechen, was sie lieben, oder vielleicht die
Art, wie sie andere behandeln. Schönheit ist im wahrsten
Sinne des Wortes ein Kompendium aus so vielen Dingen: Sie
ist Charakter, sie ist Leidenschaft, sie ist Verständnis und
Selbstliebe.

Zusammenfassend lässt sich sagen, dass Schönheit nicht in
der Größe deiner Jeans, der Symmetrie deines Gesichts oder
irgendeiner anderen willkürlichen Norm liegt, die die
Gesellschaft aufstellen mag. Sie liegt in dem Lachen, das du
mit einem Freund teilst, in den Tränen, die du für jemanden

vergießt, den du liebst, in den kleinen Eigenheiten, die dich ausmachen. Und das, liebe Leserin, lieber Leser, ist unendlich viel schöner als jedes Bild, das Ihnen eine Zeitschrift vermitteln kann.

Wenn Sie sich diese Wahrheit zu eigen machen, werden Sie nicht nur Ihr Selbstwertgefühl im Schlafzimmer verbessern (ein Thema, das wir in Kapitel 5 behandeln werden), sondern in jedem Aspekt Ihres Lebens. Denn wenn Sie erkennen, dass Sie genug sind, wird die Welt ein viel hellerer Ort.

Bereiten Sie sich auf das nächste Kapitel vor, in dem wir die Bedeutung des Selbstwertgefühls für die Intimität erforschen werden und ich Ihnen Werkzeuge an die Hand geben werde, um es zu kultivieren, denn letztendlich ist Schönheit nur ein kleiner Teil der Gleichung der Selbstakzeptanz.

Kapitel 5: Selbstwertgefühl im Schlafzimmer: Warum ist es wichtig und wie kann man es kultivieren?

Haben Sie sich jemals gefragt, was das Epizentrum der Lust wirklich ist? Im Gegensatz zu dem, was Sie vielleicht denken, ist es weder ein bestimmtes Körperteil, noch ein bestimmtes Spiel, noch eine Meistertechnik, die Sie in einer versteckten Ecke des Internets gelernt haben. Nein, das Epizentrum der Lust ist Ihr Geist. Und innerhalb dieses riesigen neuronalen Netzwerks ist einer der Faktoren, der unsere intime Erfahrung am meisten beeinflusst, unser Selbstwertgefühl.

Erinnern Sie sich an das letzte Mal, als Sie vor einer besonderen Verabredung in den Spiegel schauten und dachten: "Ich sehe heute umwerfend aus"? Welches Gefühl ging durch Ihren Körper? Wahrscheinlich haben Sie sich stark, begehrenswert und unbesiegbar gefühlt. Stellen Sie sich nun vor, dass Sie sich so fühlen können, nicht nur bei besonderen Verabredungen, sondern jedes Mal, wenn Sie sich entscheiden, Ihre Intimität mit jemandem zu teilen. Verlockend, nicht wahr?

Beim Selbstwertgefühl geht es nicht nur darum, sich selbst gut zu fühlen, sondern es ist das Fundament, auf dem wir unsere Beziehungen und auch unsere sexuellen Erfahrungen aufbauen. Wie Nathaniel Branden in "Die sechs Säulen des Selbstwertgefühls" (1994) sagte, "ist das Selbstwertgefühl das Immunsystem des Geistes". Wenn dieses System geschwächt ist, sinkt unsere Widerstandskraft gegen äußere negative Einflüsse, und wir werden anfälliger für echte oder eingebildete Kritik.

Hatten Sie schon einmal selbstkritische Gedanken oder Zweifel an Ihrer Leistung beim Sex? Das ist die Stimme eines Selbstwertgefühls, das gestärkt werden muss. Mangelndes Selbstvertrauen kann zu einem unüberwindbaren Hindernis im Schlafzimmer werden. Andererseits kann ein gesundes Selbstwertgefühl ein gewöhnliches Erlebnis in ein außergewöhnliches verwandeln.

Aber warum ist das Selbstwertgefühl im Schlafzimmer so wichtig? Überlegen Sie doch mal. Intimität erfordert Verletzlichkeit. Um uns voll und ganz genießen zu können, müssen wir uns entblößen, nicht nur körperlich, sondern auch emotional. Das kann beängstigend sein, wenn man sich selbst nicht vertraut, wenn man sich in seiner eigenen Haut nicht sicher fühlt.

Und genau das ist der Punkt, an dem viele Menschen etwas falsch machen. Es wird angenommen, dass das Selbstwertgefühl im Schlafzimmer ausschließlich auf Fähigkeiten oder Techniken beruht. In "The Psychology of Self-Esteem" (1969) betont Branden jedoch, dass es bei der Selbstachtung nicht um die Vorherrschaft über andere geht, sondern um Authentizität mit sich selbst.

Wie oft haben wir schon den Satz "Selbstvertrauen ist sexy" gehört? Das ist nicht nur ein Klischee. Selbstvertrauen, diese unsichtbare Aura, die man ausstrahlt, wenn man sich selbst gut fühlt, ist zweifellos eines der größten Aphrodisiaka.

Denken Sie einen Moment über Ihre Erfahrungen in der Vergangenheit nach. Gab es Zeiten, in denen Sie das Gefühl hatten, nicht zu genügen? Oder Zeiten, in denen Sie sich erfüllt und zufrieden fühlten? Was zeichnete diese Zeiten aus? Höchstwahrscheinlich hat Ihr Selbstwertgefühl eine wesentliche Rolle gespielt.

Die Beziehung zwischen Selbstwertgefühl und Sexualität ist so eng, dass es überraschend ist, wie oft sie in der Sexualerziehung übersehen wird. In Kapitel 25 werden wir erörtern, wie und warum wir die Sexualerziehung neu erfinden sollten. Aber jetzt wollen wir uns erst einmal auf Sie konzentrieren.

Wenn Sie dies lesen, haben Sie bereits einen entscheidenden Schritt zur Verbesserung Ihres Selbstwertgefühls im Schlafzimmer getan: Sie wollen verstehen und sich verbessern. In den nächsten Abschnitten werden wir gemeinsam herausfinden, wie Sie ein solides Selbstwertgefühl kultivieren können, das nicht nur Ihr Intimleben verbessert, sondern sich auf alle Bereiche Ihres Lebens auswirkt.

Sind Sie bereit für die Reise? Denn, lieber Leser, die wahre Odyssee zur Ekstase beginnt nicht im Schlafzimmer, sondern in deinem Kopf.

Setzen wir unsere Reise durch die Psyche fort und begeben wir uns auf die verschlungenen Pfade unseres Selbstbildes. Nachdem wir nun festgestellt haben, dass das Selbstwertgefühl im Schlafzimmer von entscheidender Bedeutung ist, stellt sich natürlich die nächste Frage: Wie entwickelt es sich, und wie können wir es verbessern?

In Fachkreisen wird oft über die Frage diskutiert, ob wir von der Natur oder von unseren Eltern geprägt sind, wenn es um unsere Persönlichkeit und unser Selbstbild geht. Es besteht jedoch ein allgemeiner Konsens darüber, dass einige Aspekte zwar vorbestimmt sein mögen, es aber ein weites Feld von Möglichkeiten gibt, das wir durch unser Handeln, Denken und Erleben gestalten können. Wie Carl Rogers in "The Process of Becoming a Person" (1961) darlegte, haben wir alle ein angeborenes Potenzial für Wachstum und Selbstverwirklichung. Es ist ein Samenkorn, das mit der richtigen Aufmerksamkeit zu schillernder Entfaltung erblühen kann.

Manchmal sind unsere Selbstwertprobleme auf frühere Erfahrungen zurückzuführen. Das können unbedachte Bemerkungen eines früheren Partners sein, Kritik von unseren Eltern oder demütigende Erfahrungen als Teenager. Diese emotionalen Narben können einen bleibenden Eindruck hinterlassen. Wie Brene Brown in The Power of Being Vulnerable (2012) hervorhebt, ist es ein entscheidender Schritt zur Heilung und zum Wachstum, sich unserer Verletzlichkeit zu stellen und sie anzunehmen.

Haben Sie jemals innegehalten und dieser kleinen Stimme in Ihrem Kopf zugehört, die Sie kritisiert, an Ihnen zweifelt und oft Ihre intimen Momente sabotiert? Woher kommt sie? Ist es wirklich Ihre Stimme oder ist es das Echo von Stimmen aus der Vergangenheit?

Stellen Sie sich nun folgende Frage: Wenn Ihr bester Freund mit denselben Unsicherheiten zu Ihnen käme, was würden Sie ihm sagen? Sie würden ihn wahrscheinlich ermutigen, ihn an all seine Qualitäten erinnern und ihm helfen, die Situation aus einer positiveren Perspektive zu sehen. Warum behandeln Sie sich selbst nicht mit demselben Mitgefühl?

Täuschen Sie sich nicht. Die Verbesserung des Selbstwertgefühls besteht nicht einfach darin, jeden Morgen vor dem Spiegel positive Affirmationen zu wiederholen. Es ist eine tiefgreifende innere Arbeit, die das Hinterfragen tief verwurzelter Überzeugungen und manchmal auch die Konfrontation mit persönlichen Dämonen erfordert. Aber die Reise ist es wert. Und die Belohnung ist nicht nur ein besseres Sexualleben, sondern ein besseres Leben insgesamt.

Natürlich sind wir auf diesem Weg nicht allein. Im Laufe der Jahre haben zahlreiche Autoren, Therapeuten und Experten Instrumente und Techniken entwickelt, die uns helfen, die turbulenten Gewässer des Selbstwertgefühls zu durchschiffen. Erich Fromm erinnert uns in "Die Kunst des Liebens" (1956) daran, dass Selbstliebe die Grundlage für die Liebe zu anderen ist. Wenn wir uns selbst nicht akzeptieren und lieben können, wie können wir dann erwarten, andere zu lieben?

Es ist an der Zeit, diese negativen Überzeugungen auszugraben, sie im Licht zu betrachten und zu entscheiden, ob sie uns wirklich nützen. Denn letzten Endes sind Sie selbst die Person, mit der Sie die meiste Zeit verbringen. Und du verdienst Liebe, Akzeptanz und, ja, ungezügelte Leidenschaft.

Lassen Sie uns diese Reise fortsetzen und mehr darüber erfahren, wie wir unser Selbstwertgefühl kultivieren und pflegen können, nicht nur, um unser Sexualleben zu verbessern, sondern um in allen Lebensbereichen mit Sinn, Leidenschaft und Freude zu leben. Denn ist es nicht das, wonach wir alle streben, wenn wir den Tag beenden?

Halten wir einen Moment inne und betrachten wir einige Menschen, die in ihrem Liebes- und Sexualleben als "erfolgreich" gelten könnten. Was haben sie gemeinsam? Ist es einfach ihr Aussehen, ihr Status oder ihre Ausstrahlung? Wenn wir genauer hinschauen, sehen wir, dass ein starkes Selbstwertgefühl die Gemeinsamkeit aller ist. Und dieser rote Faden, in seinen verschiedenen Formen und Nuancen, hat Geschichten hinter sich, Geschichten, von denen wir alle lernen und in unserem eigenen Leben anwenden können.

Nehmen wir zum Beispiel den Fall von Maya. Sie wuchs in einer konservativen Familie auf, in der Gespräche über Sexualität tabu waren. Dadurch fühlte sie sich unsicher in Bezug auf ihren Körper und ihre Fähigkeit, mit dem anderen Geschlecht in Beziehung zu treten. Doch dann las sie "Frauen, die mit den Wölfen laufen" von Clarissa Pinkola Estés (1992), ein Buch, das sie über die angeborene Stärke und Weisheit von Frauen lehrte und darüber, wie sie sich wieder mit ihrer wilden und leidenschaftlichen Natur verbinden können. Inspiriert davon begann Maya, Workshops zu besuchen und mehr über weibliche Selbstbestimmung zu lesen, was ihr ermöglichte, ihre Sexualität mit Selbstvertrauen und Anmut zu leben.

Oder denken Sie an Raj, einen Mann, der sein ganzes Erwachsenenleben lang unter Erektionsstörungen litt. Da er wegen seines Problems keine Beziehung aufrechterhalten konnte, war Raj verzweifelt. Nachdem er jedoch "The New Sex Manual" von Bernie Zilbergeld (1999) gelesen hatte, lernte er, dass sein Problem nicht nur in seinem Körper, sondern auch in seinem Geist lag. Er begann, an seinem Selbstwertgefühl zu arbeiten und sich von den unrealistischen Normen und Erwartungen, die die

Gesellschaft an Männer stellt, zu lösen. Mit der Zeit und mit Hilfe von Therapeuten gelang es Raj, erfüllte und befriedigende intime Beziehungen zu führen.

Diese Beispiele zeigen uns, dass Selbstwertgefühl im Schlafzimmer nicht einfach eine Frage des Selbstbewusstseins ist. Es ist eine komplexe Wechselwirkung zwischen unserer Vergangenheit, unseren Überzeugungen, unseren Erfahrungen und unserer Fähigkeit zu lernen, zu wachsen und sich anzupassen.

Was hindert Sie nun daran, dieses Maß an Selbstachtung und Selbstvertrauen zu erreichen? Ist es eine beleidigende Bemerkung eines Ex? Ein traumatisches Erlebnis? Oder sind es vielleicht einfach nur eine Reihe von Missverständnissen und Missverständnissen? Wie Dr. David Schnarch in "Pasionate Marriage" (1997) erwähnt, sind es oft unser eigenes Selbstbild und unsere Überzeugungen, die uns zurückhalten.

Lassen Sie uns eine kleine Übung machen. Stellen Sie sich vor, Sie stünden vor einem Zauberspiegel. Er spiegelt nicht Ihr Äußeres wider, sondern Ihr Selbstwertgefühl und Ihr Selbstvertrauen. Wie sieht er aus? Ist er hell und glänzend oder ist er trüb und zerbrechlich? Was können Sie tun, um ihn noch heller leuchten zu lassen?

Es ist wichtig, daran zu denken, dass die Reise zu einem gesunden Selbstwertgefühl genau das ist: eine Reise. Es gibt kein endgültiges Ziel, sondern eine Reihe von Entdeckungen und Erkenntnissen, die uns dazu bringen, die beste Version von uns selbst zu sein. Und auf dieser Reise gibt es, wie auf jeder anderen auch, Höhen und Tiefen, Herausforderungen und Freuden. Aber jeder Schritt, den wir tun, bringt uns näher an das authentische, kraftvolle und leidenschaftliche Selbst, das wir alle in uns tragen. Und das, liebe Leserin, lieber Leser, ist der wahre Zauber des Selbstwertgefühls im Schlafzimmer und darüber hinaus.

Wie wir bisher herausgefunden haben, wird unser Selbstwertgefühl nicht nur durch die Kommentare oder Erfahrungen geprägt, die wir gemacht haben, sondern auch dadurch, wie wir diese Ereignisse verarbeiten und zu ihnen stehen. Der Psychologe Albert Ellis sprach in seinem Buch "A New Guide to Rational Living" (1975) darüber, wie unsere irrationalen Gedanken und Überzeugungen in rationalere und gesündere Überzeugungen umgewandelt werden können. Er sagte: "Am besten geht man an das Leben heran, wenn man es als ein Experiment betrachtet. Nichts ist gut oder schlecht; es ist einfach so."

Lassen Sie uns dies nun auf das Schlafzimmer übertragen. Wenn Sie beginnen, Ihre intimen Erfahrungen als Lernexperimente zu betrachten, bei denen es keine Misserfolge gibt, sondern nur Feedback, wie würde sich Ihre Wahrnehmung ändern? Anstatt sich durch eine vermeintlich nicht perfekte "Leistung" gedemütigt oder beschämt zu fühlen, könnten Sie anfangen, sie als Lernchance zu sehen, oder?

Betrachten wir das Ganze einmal aus einem anderen Blickwinkel. Erinnern Sie sich an eine Zeit, in der Sie sich in einer intimen Situation unsicher oder unbehaglich fühlten. Konzentrieren Sie sich jetzt nicht darauf, was "schief" gelaufen ist, sondern überlegen Sie, was Sie aus dieser Erfahrung gelernt haben. Vielleicht haben Sie etwas über Ihre Grenzen, Ihre Vorlieben und Abneigungen oder sogar über die Bedeutung der Kommunikation gelernt. Jede Erfahrung ist ein Sprungbrett auf dem Weg zu einem besseren Selbstverständnis und einem stärkeren Selbstwertgefühl.

Dr. Brené Brown erörtert in ihrem Buch "The Gifts of Imperfection" (2010) die Idee der Verletzlichkeit und wie das Akzeptieren unserer Unvollkommenheiten und das Zeigen unserer selbst, wie wir sind, einer der Schlüssel zu einem erfüllten Leben ist. Indem wir im Schlafzimmer verletzlich sind, indem wir unsere Unsicherheiten und Ängste zeigen, stärken wir nicht nur unser Selbstwertgefühl, sondern bauen auch eine tiefere Verbindung zu unserem Partner auf.

Wenn wir uns auf diese Reise der Selbsterkundung und des Wachstums begeben, ist es wichtig, dass wir uns daran erinnern, dass wir nicht allein sind. Die Gemeinschaft, sei es in Form von Freunden, Therapeuten oder Selbsthilfegruppen, kann eine unschätzbare Quelle der Ermutigung und Perspektive sein. Wie in Kapitel 3 erwähnt, sind unsere Gehirne auf Vergnügen, aber auch auf Verbindung ausgerichtet. Indem wir uns mit anderen verbinden und unsere Geschichten austauschen, stärken wir nicht nur unser Selbstwertgefühl, sondern weben auch ein aufbauendes Netzwerk der Unterstützung.

Zum Abschluss dieses Kapitels möchte ich Ihnen einen Gedanken mit auf den Weg geben: Ihr Wert liegt nicht darin, wie Sie aussehen, wie viel Sie wissen oder wie viel Sie im Schlafzimmer leisten können. Ihr wahrer Wert liegt darin, wer Sie als Individuum sind, mit all Ihren Unvollkommenheiten, Wünschen, Träumen und Ängsten. Indem Sie jeden Teil von sich selbst annehmen und lieben, können Sie ein reicheres, tieferes und bedeutungsvolleres Intimleben erleben.

Sind Sie jetzt bereit zu entdecken, wie Sie Ihre eigene Sexualität erforschen und jeden Winkel Ihres Körpers kennenlernen können? Dann begleite mich im nächsten Kapitel, in dem wir die Kunst und Wissenschaft der Selbsterkundung enträtseln werden. Das Abenteuer hat gerade erst begonnen.

Kapitel 6: Entdecken Sie Ihre sexuelle Landkarte: Die Kunst, Ihren Körper zu kennen

Haben Sie schon einmal darüber nachgedacht, warum manche Stellen Ihres Körpers Sie mehr kribbeln lassen als andere? Oder warum bestimmte Arten von Berührungen oder Streicheleinheiten Sie in Ekstase versetzen, während andere Sie gleichgültig lassen? Und haben Sie sich nicht schon einmal gefragt, wie viel Sie wirklich über Ihren Körper und sein sexuelles Potenzial wissen? Wenn eine dieser Fragen auf Sie zutrifft, sind Sie hier genau richtig.

Warum ist es nun so wichtig, dieses Rätsel unseres Körpers zu entschlüsseln? Ganz einfach, weil *Ihr Körper ein Kunstwerk ist, eine Leinwand voller Empfindungen, die darauf wartet, erforscht zu werden.* Ihn in seiner ganzen Tiefe zu kennen, ist zweifellos einer der intimsten Wege, sich selbst zu ermächtigen und die Sphäre einer erfüllten Sexualität zu betreten. Trauen Sie sich, diese Reise anzutreten? Lassen Sie mich Sie auf dieser Reise zu Ihrem authentischen Selbst begleiten.

Wir leben in einem Zeitalter, in dem uns Informationen jederzeit zur Verfügung stehen. Dieser unmittelbare Zugang führt jedoch nicht immer zu Selbsterkenntnis. In *Kapitel 5: Selbstwertgefühl im Schlafzimmer haben* wir besprochen, wie das Selbstwertgefühl unser Sexualleben beeinflusst. Wenn Sie dieses Kapitel verpasst haben, empfehle ich Ihnen, es zu lesen. Aber haben Sie sich jemals gefragt, wie sich Selbsterkenntnis und Selbstwertgefühl gegenseitig beeinflussen? Stellen Sie sich vor, dass jede Entdeckung über Ihren Körper Ihr Selbstvertrauen stärkt, und dieses Selbstvertrauen treibt Sie an, noch mehr zu erforschen. Das ist ein positiver Kreislauf, den Sie nicht unterbrechen sollten.

Betrachten wir es aus einer eher praktischen Perspektive. So wie ein Sportler jeden Muskel und jedes Gelenk kennt, um seine Leistung zu maximieren, kann jeder Mensch, unabhängig von seiner sexuellen Orientierung oder Identität, enorm davon profitieren, sich selbst zu kennen, und manchmal ist es einfacher, als wir denken. Und manchmal ist es einfacher, als wir denken - wussten Sie zum Beispiel, dass die Haut das größte Organ des Körpers ist und voller Nervenenden steckt, die darauf warten, stimuliert zu werden?

Der Psychologe Carl Rogers stellte in seinem Werk "The Process of Becoming a Person" (1961) fest, dass Selbsterkenntnis der Schlüssel zur persönlichen Entwicklung ist. Wäre Rogers hier, würde er wahrscheinlich hinzufügen, dass die Kenntnis des eigenen Körpers in der Tat ein Akt der Selbstliebe und Selbstakzeptanz ist.

Ich möchte, dass Sie sich jetzt eine Frage stellen: Was würde passieren, wenn Sie für einen Moment Ihre Vorurteile, Ihre Ängste und Ihre Hemmungen beiseite lassen würden? Was würde passieren, wenn Sie sich erlauben würden, mit echter Neugier jeden Winkel, jedes Gefühl, jedes Geheimnis Ihres Körpers zu entdecken?

Vielleicht fühlen Sie sich ein wenig ängstlich oder sogar verlegen. Das ist ganz normal. Wir sind in einer Gesellschaft aufgewachsen, die sexuelles Erforschen und Genießen oft stigmatisiert. Aber was wäre, wenn ich Ihnen sagen würde, dass das wahre Tabu nicht in der Erkundung liegt, sondern darin, dass Sie sich selbst die Chance verwehren, sich selbst vollständig kennenzulernen? Denn schließlich beginnt die wahre sexuelle Revolution bei Ihnen.

Der Komiker Woody Allen sagte einmal: "Sex ohne Liebe ist eine leere Erfahrung. Aber als leere Erfahrung ist es eine der besten". Obwohl das Zitat humorvoll klingt, enthält es eine tiefe Wahrheit: Sex kann unglaublich befriedigend sein, aber er ist noch stärker, wenn er mit Selbsterkenntnis und Selbstakzeptanz verbunden ist.

Sind Sie also bereit, sich auf diese Odyssee der Selbsterkenntnis einzulassen? Ich verspreche Ihnen, dass sie nicht nur Ihre Wahrnehmung der Sexualität verändern wird, sondern auch Ihre Vorstellung davon, wer Sie sind und was Sie wirklich wollen. Und wenn Sie bereit sind, tiefer zu gehen, wird der nächste Abschnitt Sie noch tiefer in diese faszinierende Reise führen.

Auf den Seiten von "The Art of Amatory", geschrieben von Ovid im Jahr 2 v. Chr., wird uns eine Vorstellung präsentiert, die den Test der Zeit überdauert hat: Der menschliche Körper ist eine komplizierte und vielfältige Landkarte, auf der jeder Winkel Geheimnisse verbirgt, die darauf warten, entdeckt zu werden. Im Laufe unseres Lebens befinden wir uns auf einer ständigen Reise, aber seltsamerweise ist eines der am wenigsten erforschten Gebiete oft unser eigener Körper.

Halten Sie einen Moment inne. Spüren Sie, wie der Atem durch Ihre Nase strömt, wie sich Ihr Brustkorb sanft hebt und senkt. Jede dieser Handlungen, so automatisch sie auch sein mag, ist eine kleine Manifestation des Wunders, das Ihr

Körper ist. Und so wie die Oberfläche eines ruhigen Sees unbekannte Tiefen verbergen kann, so ist es auch mit der Haut, die Ihr Wesen bedeckt.

Die renommierte Sexologin Shere Hite stellte in ihrer Studie "The Hite Report on Female Sexuality" (1976) fest, dass ein großer Teil der Frauen ihren Körper nicht vollständig erforscht hat. Und obwohl sich seine Studie auf Frauen konzentrierte, ist die Idee auf alle Geschlechter und Orientierungen anwendbar. Wir leben wohl in einem Zeitalter der Entfremdung, in dem die Beziehung zu unserem eigenen Körper in weite Ferne gerückt ist.

Es ist verlockend, die Schuld auf die Technologie oder die Geschwindigkeit des modernen Lebens zu schieben, aber es ist wichtig zu verstehen, dass unsere Beziehung zu unserem Körper in vielerlei Hinsicht von der Gesellschaft und der Kultur geprägt ist. Obwohl Akzeptanz und Selbstbewusstsein zunehmend gefördert werden, gibt es immer noch Tabus und Vorurteile, die uns zurückhalten.

Stellen Sie sich vor, Sie könnten jedes Gefühl entschlüsseln, jede Reaktion verstehen und jedes Verlangen Ihres Körpers vorhersehen. Das würde nicht nur Ihre persönlichen Erfahrungen verbessern, sondern auch Ihre intimen Beziehungen bereichern. Die Autorin Anäis Nin hat in ihrem Buch "Delta der Venus" (1977) die Idee aufgegriffen, dass wir durch das Wissen um unser eigenes Verlangen in der Lage sind, uns mit dem Verlangen des anderen auf authentischere Weise zu verbinden.

Haben Sie schon einmal darüber nachgedacht, wie oft wir unsere körperlichen Empfindungen ignoriert oder unterschätzt haben? Vielleicht aus Schüchternheit, Angst oder einfach aus Unwissenheit. Wahr ist jedoch, dass unser Körper seine eigene Sprache hat, eine einzigartige und persönliche Art der Kommunikation. Diese Sprache zu verstehen, ist eine wesentliche Voraussetzung für ein erfülltes und befriedigendes Sexualleben.

Denn schließlich geht es auf dieser Reise nicht nur um Sex oder Vergnügen. Es geht darum, die Gesamtheit dessen, was wir sind, zu erkennen und anzunehmen. Es geht darum, Barrieren und Vorurteile abzubauen, jeden Zentimeter unserer Haut zu entdecken und zu akzeptieren und das Wunder des Menschseins zu feiern.

Sind Sie bereit, sich auf diese Reise zu begeben? Im nächsten Abschnitt gebe ich Ihnen konkrete Werkzeuge und praktische Beispiele, mit denen Sie Ihre sexuelle Reise planen können. Denn schließlich beginnt die größte Reise mit einem einzigen Schritt... oder in diesem Fall mit einer einzigen Berührung.

Wir hören oft, dass wir unsere eigenen schlimmsten Kritiker sind. Das mag zwar in vielen Bereichen des Lebens zutreffen, aber im Bereich der Intimität kann dies zu einem Hindernis werden, das uns daran hindert, unsere Sexualität voll zu erkunden und zu genießen. Warum also nicht den Prozess mit ein paar praktischen Experimenten beginnen?

Lassen Sie mich Sie durch eine kleine mentale Übung führen. Stellen Sie sich einen Moment lang einen Raum vor, warm und gemütlich, mit sanftem Licht, das über Ihre Haut streicht. In der Mitte befindet sich ein großer Spiegel. Gehen Sie langsam darauf zu und schauen Sie sich an. Ja, schauen Sie sich wirklich an. Was sehen Sie? Können Sie neben den Narben, Flecken oder Unvollkommenheiten auch die Stellen erkennen, die sich gut anfühlen, wenn Sie sie berühren? Schließen Sie nun die Augen und stellen Sie sich vor, dass Sie diese Bereiche noch einmal erforschen, aber mit einem Gefühl der Neugier und des Staunens.

In "The Art of Touching the Human Body" (1994) erinnert uns die Autorin und Therapeutin Sandra Bramley daran, dass zwar jeder Mensch einzigartig ist, wir aber alle die Fähigkeit zu fühlen teilen. Und Gefühl bezieht sich nicht nur auf den körperlichen Akt, sondern auch auf die mentale und emotionale Interpretation dieser Empfindungen.

Haben Sie sich jemals gefragt, warum manche Menschen an bestimmten Stellen kitzelig sind und andere nicht? Oder warum bei manchen eine einfache Berührung im Nacken einen Schauer über den Rücken jagt? Dies sind Beispiele dafür, wie unterschiedlich unsere sexuelle Landkarte sein kann.

Nicht alle erogenen Zonen sind gleich. Die bekanntesten, wie die Lippen, der Hals oder die Genitalien, sind nur die Spitze des Eisbergs. In Wirklichkeit kann jeder Teil des Körpers erogen sein, wenn man ihm die richtige Aufmerksamkeit schenkt. In Linda Banners Abhandlung "The Dance of Passion: Erotic Techniques of the East" (2002) wird beispielsweise untersucht, wie alte Kulturen Bereiche des Körpers schätzten, die heute oft ignoriert werden, wie Ohrläppchen, Handgelenke oder sogar Knöchel.

Nehmen Sie sich einen Moment Zeit, um an die Momente zu denken, in denen inmitten einer leidenschaftlichen Umarmung eine einfache Berührung an einer unerwarteten Stelle überraschend intensive Empfindungen geweckt hat.

Darin liegt die Magie unserer sexuellen Landkarte, die darauf wartet, erforscht, kartiert und wiederentdeckt zu werden.

Vielleicht klingt das, was ich beschrieben habe, beängstigend oder vielleicht aufregend. Aber die Wahrheit ist, dass diese Reise im Wesentlichen persönlich ist. Es ist ein Weg der Selbsterkundung, auf dem es nicht darum geht, ein Ziel zu erreichen, sondern die Reise und die Überraschungen, die sie für uns bereithält, zu genießen.

Im nächsten Abschnitt werden wir diese aufregende Reise fortsetzen und Ihnen konkrete Werkzeuge an die Hand geben, damit Sie noch tiefer in das Wissen um Ihren Körper und Ihre Wünsche eintauchen können. Sind Sie bereit, weiterzumachen? Denn ich verspreche Ihnen, dass die Reise nur noch faszinierender und aufschlussreicher wird.

Die Reise der Selbsterkundung ist nicht auf körperliche Erfahrungen beschränkt. Haben Sie sich jemals gefragt, warum bestimmte Berührungen oder Streicheleinheiten bestimmte Erinnerungen oder Gefühle hervorrufen? Warum manche Empfindungen in unserem Gedächtnis haften bleiben, während andere schnell verblassen?

Dr. Evelyn Resh weist in ihrem Buch "The Wisdom of Desire: Mind-Body Connections" (2011) darauf hin, dass unsere Haut, das größte Organ des Körpers, auch eines der aufnahmefähigsten und denkwürdigsten ist. Die Haut bewahrt die Zärtlichkeiten, die Traumata, die Tränen und das Lachen auf. Sie ist eine lebendige Aufzeichnung unserer Erfahrungen, und wenn wir dies verstehen, können wir beginnen, unsere sexuelle Landkarte mit einer neuen Perspektive zu betrachten.

Lassen Sie uns über das somatische Gedächtnis sprechen. Dabei handelt es sich um das faszinierende Phänomen, dass sich der Körper an bestimmte Empfindungen oder Erfahrungen "erinnert", auch wenn der Verstand sie vergessen oder verdrängt hat. Stellen Sie sich ein bestimmtes Parfüm vor. Ein Duft, der Sie, wenn Sie ihn einatmen, sofort an einen bestimmten Moment in Ihrer Vergangenheit erinnert. Nun stellen Sie sich vor, dasselbe Konzept auf Ihren Körper, auf Ihre erogenen Zonen anzuwenden.

Der renommierte Sexualtherapeut Mark Michaels, Mitautor des Buches The Bonding of Tantra: Discovering the Power of Sexual Energy (2008), schreibt darüber, wie einige tantrische Techniken es den Menschen ermöglichen, somatische Erinnerungen loszulassen und so die Tür zu tieferen, verbundenen Erfahrungen zu öffnen.

Wie können Sie also beginnen, diese Erinnerungen zu entschlüsseln und Ihre sexuelle Landkarte auf einer tieferen Ebene zu verstehen? Die Antwort liegt in der bewussten Praxis. Wenn Sie sich mit Neugier, Geduld und Liebe nähern, öffnen Sie sich für Entdeckungen, die Ihre Perspektive auf Lust und Intimität verändern können.

Wenn Sie lernen, Ihre sexuelle Landkarte zu lesen und zu verstehen, erkennen Sie, dass sie nicht statisch ist. Sie entwickelt sich, verändert sich und passt sich an. Und hierin liegt das wahre Geschenk: Indem du diese Fluidität erkennst und zelebrierst, öffnest du dich für eine Welt der unendlichen Möglichkeiten auf deiner erotischen Reise.

Kurz gesagt, Sie haben die Tiefen Ihrer sexuellen Landkarte erkundet, von der Oberfläche bis in die verborgensten

Winkel. Ich hoffe, dieses Kapitel hat Ihnen neue Perspektiven und Werkzeuge geboten, um Ihren Körper weiter zu erforschen und wertzuschätzen.

Aber was kommt als Nächstes? Im nächsten Kapitel tauchen wir in die faszinierende Welt der erotischen Kommunikation ein. Haben Sie sich schon einmal gefragt, wie Sie die Sprache des Begehrens sprechen können? Oder wie Sie Ihre Bedürfnisse und Wünsche auf eine Weise ausdrücken können, die sich authentisch und ermächtigend anfühlt? Dann sollten Sie den nächsten Teil nicht verpassen. Lesen Sie einfach weiter. Ihre Reise zu einer voll bewussten Sexualität hat gerade erst begonnen.

Und hier stehen wir nun, am Rande eines tiefen Ozeans des Verständnisses, bereit, in seine Geheimnisse einzutauchen. Jede neue Welle des Verstehens zieht dich näher zum Kern deines Wesens, zu der Essenz, die dich ausmacht. Aber spüren Sie die Strömung? Die Strömung, die dich einlädt, weiter zu erforschen, tiefer zu tauchen, mehr von dem zu enthüllen, was verborgen liegt.

Der Gelehrte und Psychologe Carl Jung stellte in "Der Mensch und seine Symbole" (1964) die Idee auf, dass wir alle ein kollektives Unbewusstes teilen, ein Meer von Symbolen und Archetypen, die alle Menschen auf einer intuitiven Ebene erkennen. So ist vielleicht auch unsere sexuelle Landkarte nicht nur ein individuelles Gebilde, sondern eine Sammlung gemeinsamer Erfahrungen und Erinnerungen, die wie die Gezeiten ab- und anschwellen.

Und während wir uns durch diesen Ozean der Selbsterkenntnis bewegen, entdecken wir auch die Wellen der anderen. David Schnarch fordert uns in "Perpetual Passion"

(1997) auf zu bedenken, dass die Reise zum sexuellen Verständnis eine gemeinsame Odyssee ist. Mit jeder Person, der Sie intim begegnen, navigieren Sie nicht nur auf Ihrer eigenen Landkarte, sondern auch auf derjenigen der anderen. Können Sie das Ausmaß dieser Verbindung spüren?

Stellen Sie sich nun einen Moment lang einen Ort vor, an dem sich all diese Wellen, all diese Strömungen treffen und verschmelzen. Ein Ort der tiefen Verbindung und des Verständnisses. Das ist es, was wir bei der Entdeckung unserer sexuellen Landkarte suchen: einen Treffpunkt zwischen uns selbst, unseren Liebhabern und dem Universum selbst.

Sie können lachen, aber das Lachen hat auch hier seinen Platz. Vergessen Sie nicht, dass Humor eines der stärksten Aphrodisiaka ist. Manchmal ist Lachen der Schlüssel, der Türen öffnet, die wir für verschlossen hielten, wie Esther Perel in "Mating in Captivity" (2006) feststellt: "Lachen ist das Gegenmittel gegen Starrheit, und Starrheit ist oft der Killer des Begehrens".

Was haben wir also in diesem Kapitel wirklich gelernt? Wir haben gelernt, dass unsere sexuelle Landkarte sowohl ein individuelles als auch ein kollektives Gebilde ist, das sich mit der Zeit und mit den Erfahrungen verändert und anpasst. Wir haben entdeckt, dass wir uns durch das Eintauchen in diesen Ozean des Verständnisses nicht nur mit uns selbst, sondern auch mit den Menschen um uns herum tiefer verbinden können.

Nun, da wir dieses Kapitel abschließen, möchte ich Sie dringend bitten, diese Erkundung nicht hier enden zu lassen.

Lassen Sie sich von den Wellen des Verständnisses und der Neugierde weiter tragen. Im nächsten Kapitel, "Erotische Kommunikation: Sprechen in der Sprache des Begehrens", fordere ich Sie auf, zu entdecken, wie Sie Ihre sexuelle Landkarte anderen gegenüber ausdrücken und kommunizieren können. Denn was ist schon eine Landkarte, wenn wir sie nicht mit anderen teilen?

Sind Sie also bereit für den nächsten Schritt - bereit zu reden, zuzuhören und vor allem zu fühlen? Ich verspreche Ihnen, die Reise wird sich lohnen. Ich werde auf der anderen Seite auf Sie warten.

Kapitel 7: Erotische Kommunikation: Die Sprache der Begierde sprechen

Denken Sie an die intensivsten und leidenschaftlichsten Momente zurück, die Sie erlebt haben - haben die Worte, das Flüstern und die geteilten Vertraulichkeiten nicht eine entscheidende Rolle bei diesen Erfahrungen gespielt? Wie oft hatten Sie das Gefühl, dass etwas in der Übersetzung verloren gegangen ist, wenn Sie versucht haben, mit Ihrem Partner über Ihre tiefsten Wünsche und Bedürfnisse zu kommunizieren? Erotische Kommunikation ist eine Kunst, und wie jede Kunst erfordert sie Übung, Verständnis und Sensibilität.

Warum ist es nun so wichtig, diese Kunst zu beherrschen? In einer Welt, in der wir ständig kommunizieren, fällt es vielen Menschen seltsamerweise immer noch schwer, offen und ehrlich über ihre Wünsche und Fantasien zu sprechen. Sexualität ist ein grundlegender Teil unserer Identität, und wenn wir nicht in der Lage sind, uns frei auszudrücken, laufen wir Gefahr, in einem Schatten dessen zu leben, was wir sein könnten. Sie fragen sich wahrscheinlich: Wie kann ich meine erotischen Kommunikationsfähigkeiten verbessern? Die Antwort darauf finden Sie gleich in diesem Kapitel.

Die Sprache des Begehrens zu erforschen und zu verstehen, ist nicht nur für diejenigen gedacht, die die Intimität mit ihrem Partner verbessern wollen. Es ist für jeden, der versucht, sich selbst auf einer tieferen Ebene zu verstehen. Sind Sie sich bewusst, was Sie wünschen und was Sie nicht wünschen? Dies sind wesentliche Fragen, die eine ehrliche und offene Antwort erfordern.

John Gottman weist in seinem Buch "The Seven Principles for Making Marriage Work" (1999) darauf hin, dass der Mangel an effektiver Kommunikation eine der Hauptursachen für Konflikte und Missverständnisse in Beziehungen ist. Wenn dies auf die Kommunikation im Allgemeinen zutrifft, dann kann man sich vorstellen, wie tiefgreifend die Auswirkungen sind, wenn es um erotische Kommunikation geht, bei der die Emotionen auf dem Höhepunkt sind und die Verletzlichkeit voll zum Tragen kommt.

Es ist interessant festzustellen, dass es in unserer Gesellschaft einfacher ist, ein Bild oder ein Meme mit sexuellem Inhalt zu teilen, als offen und ehrlich darüber zu sprechen, was uns wirklich anmacht oder was uns im Schlafzimmer Sorgen bereitet. Der Grund dafür ist einfach: Angst vor Ablehnung, Angst vor Verurteilung, Angst, missverstanden zu werden. Aber was wäre, wenn ich Ihnen sagen würde, dass Sie, wenn Sie sich diesen Ängsten stellen, eine ganz neue Dimension für sich und Ihre Beziehungen entdecken können?

Zum Abschluss dieser Einführung möchte ich Sie bitten, über Folgendes nachzudenken: Welchen Wert messen Sie Ihrer Stimme in der Intimität bei, sind Sie bereit, diese verborgene Sprache in sich zu erforschen und zu enträtseln, und, was am wichtigsten ist, sind Sie bereit, die transformative Kraft der erotischen Kommunikation zu erleben? Und vor allem: Sind Sie bereit, die transformative Kraft der erotischen Kommunikation zu erleben?

In den folgenden Abschnitten werden wir Ihnen die Werkzeuge, Techniken und das Wissen vermitteln, das Sie brauchen, um die Sprache der Lust fließend zu sprechen. Und denken Sie daran, wie wir in Kapitel 6 erwähnt haben, ist die

Kenntnis Ihres Körpers der erste Schritt. Wenn Sie es also noch nicht getan haben, empfehle ich Ihnen, zu diesem Kapitel zurückzukehren und dieses Gebiet zu erkunden, bevor Sie sich in die Gewässer der erotischen Kommunikation begeben. Atemberaubende Enthüllungen warten auf Sie.

Bei der Fortsetzung unserer Erkundung der erotischen Kommunikation stoßen wir auf ein grundlegendes Detail: Worte haben Macht. Im Laufe der Geschichte haben große Redner, Anführer und Dichter die Kunst der Worte genutzt, um die Massen zu mobilisieren, Revolutionen anzuregen und natürlich Romantik zu vermitteln. Warum zögern wir dann, dieselbe Fähigkeit auf den Bereich der Lust zu übertragen?

Die Antwort liegt zum Teil in einem Mangel an Bildung und Verständnis dafür, wie wir unsere Bedürfnisse und Wünsche auf verständnisvolle und einfühlsame Weise vermitteln können. **Esther Perel** argumentiert in ihrem Meisterwerk "Mating in Captivity" (2006), dass wahre Intimität dort beginnt, wo unsere Komfortzone endet. Und darüber zu sprechen, was wir wollen, besonders im erotischen Bereich, kann ein echter Akt des Mutes sein.

Aber was bedeutet es wirklich, in der Sprache des Begehrens zu sprechen? Es ist mehr als nur zu sagen, was man mag oder was man erleben möchte. Es ist ein Tanz zwischen Erzählen und Zuhören, Enthüllen und Entdecken. Es geht um Authentizität und Verwundbarkeit. Es geht darum, Risiken einzugehen und bereit zu sein, in seiner innersten Wahrheit gesehen und gehört zu werden.

Dieses Abenteuer kommt jedoch nicht ohne Herausforderungen aus. Wie **Sherry Turkle** in Reclaiming Conversation (2015) zu Recht feststellte, leben wir in einem

Zeitalter, in dem die Technologie unsere Art zu kommunizieren tiefgreifend verändert hat. Die Unmittelbarkeit und Kürze von Textnachrichten oder sozialen Medien lassen wenig Raum für die Tiefe und Authentizität, die erotische Kommunikation erfordert. Aber es ist noch nicht alles verloren. Wie wäre es, wenn wir die Technologie nicht als Hindernis, sondern als Werkzeug betrachten? Eine Möglichkeit, Gespräche zu beginnen, die dann von Angesicht zu Angesicht, Haut zu Haut, vertieft werden können.

Ich muss auch die Bedeutung der nonverbalen Kommunikation erwähnen. Haben Sie jemals über die Feinheiten einer Berührung, eines Blicks, eines Seufzers nachgedacht? Es sind diese Momente, in denen Worte überflüssig sind und sich alles in einer Geste, in einer Liebkosung zusammenfasst. Obwohl sich dieses Kapitel auf die verbale Sprache des Begehrens konzentriert, lade ich Sie ein, in Kapitel 8 die weite Welt der erogenen Zonen und der nonverbalen Kommunikation zu erkunden. Trauen Sie sich zu entdecken, was Ihr Körper Ihnen sagen will?

Sie denken vielleicht: "Das klingt in der Theorie wunderbar, aber wie wende ich es in der Praxis an? Die Antwort ist einfach: Übung und noch mehr Übung. Erwarten Sie nicht, dass Sie sofort alle Antworten haben oder über Nacht ein Meister in der Kunst der erotischen Kommunikation sind. Aber mit Geduld, Offenheit und Bereitschaft, verspreche ich Ihnen, dass die Ergebnisse es wert sein werden.

Im nächsten Abschnitt werden wir tiefer in konkrete Werkzeuge, Techniken und Beispiele eintauchen, um Ihr Repertoire an erotischer Kommunikation zu bereichern.

Bleiben Sie also dran und machen Sie sich bereit für die Reise, die vor Ihnen liegt.

Nachdem wir nun die Grundlagen dafür gelegt haben, was es bedeutet, erotisch und aufrichtig zu kommunizieren, wollen wir uns nun einigen praktischen Beispielen und Techniken zuwenden, die Ihnen den Weg auf dieser aufregenden Reise der Sprache des Begehrens erleichtern können. Fühlen Sie sich frei, liebe Leserin, lieber Leser, jeden dieser Tipps zu visualisieren, zu üben und, wenn Sie sich trauen, in Ihrem eigenen Leben umzusetzen.

Lassen Sie uns mit einer einfachen Übung beginnen. Stellen Sie sich vor, Sie sitzen Ihrem Partner gegenüber, Sie beide sitzen bequem an einem ruhigen Ort. Jetzt denken Sie an eine Fantasie oder einen Wunsch, den Sie noch nie geteilt haben. Haben Sie ihn im Kopf? Gut, jetzt atmen Sie tief ein und teilen Sie diesen Wunsch mit nur drei Worten mit. Ja, drei Worte. Das Ziel ist es, zu lernen, präzise und direkt zu sein. Es ist eine Übung in Mut, Authentizität und Kreativität. Vielleicht lauten die Worte "Strand, Nacht, Sterne" oder "Wein, Massage, Wachs". Diese kurzen Hinweise können Türen zu tieferen und aufschlussreicheren Gesprächen öffnen.

Dr. Marty Klein sagt in "Sexuelle Intelligenz" (2012), dass es bei der effektiven Kommunikation im erotischen Bereich weniger darum geht, die "richtigen" Worte zu finden, als vielmehr um die Offenheit, zu verstehen und verstanden zu werden. Wenn wir uns daran erinnern, können wir uns von der Angst vor Ablehnung oder Verurteilung befreien und uns der Neugier und dem Wunsch nach Verbindung hingeben.

Wenden wir uns nun einem Konzept zu, das in den letzten Jahren an Popularität gewonnen hat: die Sprache der Liebe.

In **Gary Chapmans** "Die fünf Sprachen der Liebe" (1992) wird vorgeschlagen, dass jeder Mensch eine primäre Art und Weise hat, Liebe auszudrücken und zu empfangen: Worte der Bestätigung, Taten des Dienens, Geschenke, Zeit für sich und körperlichen Kontakt. Was aber, wenn wir diese Idee auf den erotischen Bereich anwenden - könnten wir eine primäre "erotische Sprache" haben?

Nehmen wir ein Beispiel. Clara hat immer gespürt, dass ihr Partner sie will, wenn er kleine Zettel mit pikanten Botschaften im Haus hinterlässt. Für sie haben geschriebene Worte eine große Macht. Roberto hingegen fühlt sich begehrt, wenn Clara ihm Massagen gibt, ohne dass er darum bittet. Hier ist es der Akt der Dienstleistung, der das Begehren vermittelt. Diese individuellen Sprachen zu verstehen, kann der Schlüssel zu einer effektiven erotischen Kommunikation sein.

Fragen Sie sich, was Ihre erotische Sprache sein könnte? Wenn das der Fall ist, empfehle ich Ihnen, noch einmal Kapitel 6 zu lesen, in dem wir über die Entdeckung unserer sexuellen Landkarte sprechen.

Humor, dieser Funke, den wir oft unterschätzen, hat auch einen besonderen Platz in der erotischen Kommunikation. Ich erinnere mich an eine Anekdote, die **Dan Savage**, Autor von "Savage Love" (2010), erzählte. Ein Paar beschloss, seine Fantasien auf Zettel zu schreiben und sie in ein Glas zu legen. Jede Woche nahmen sie einen Zettel heraus und lasen ihn laut vor, ohne zu urteilen. Manchmal lachten sie laut, manchmal waren sie überrascht, und oft fanden sie sich in neuen und aufregenden Experimenten wieder.

Schließlich können wir nicht über erotische Kommunikation sprechen, ohne die Bedeutung des aktiven Zuhörens zu erwähnen. Wir sind oft so sehr darauf konzentriert, gehört zu werden, dass wir vergessen, zuzuhören. Stellen Sie sich auf Ihren Partner ein, nehmen Sie die Nuancen in seiner Stimme wahr, beobachten Sie seine Gesten. Manchmal ist das, was nicht gesagt wird, genauso wirkungsvoll wie das, was mit Worten ausgedrückt wird.

Zum Abschluss dieses Abschnitts möchte ich Sie ermutigen, sich in diese Praxis zu vertiefen. Ihre Wünsche mitzuteilen und den Wünschen Ihres Partners zuzuhören, ist ein revolutionärer Akt. Es ist ein Tanz, eine Erkundung, ein Spiel. Und wie jedes Spiel wird es mit Übung und Geduld besser. Warum also nicht heute den ersten Schritt tun?

Das Schöne an der erotischen Kommunikation ist, dass sie fließend ist und sich ständig weiterentwickelt. Wie unser Verständnis von Kunst oder Musik wird auch unsere Fähigkeit, im Bereich der Sinnlichkeit zu kommunizieren, verfeinert und verändert, wenn wir neue Erfahrungen machen und neues Wissen erwerben. Es ist eine nie endende Reise, bei der jeder Schritt sowohl eine Entdeckung als auch eine Offenbarung ist.

Vergessen wir nicht das Potenzial der erotischen Kommunikation, unser Verständnis von Intimität zu verändern. **Esther Perel** argumentiert in "Mating in Captivity" (2006), dass Leidenschaft und Sicherheit in einer Beziehung koexistieren können, aber dies erfordert eine erotische Kommunikation, die authentisch, mutig und vor allem neugierig ist. Haben Sie jemals darüber nachgedacht, welche Aspekte Ihres Intimlebens Sie nicht erforscht haben, nur weil Sie nicht wussten, wie Sie sie kommunizieren sollten?

Sie fragen sich vielleicht, was der Schlüssel zur Verbesserung dieser Fähigkeit ist? Jenseits von Techniken und Beispielen liegt die geheime Zutat in der Verletzlichkeit. Eine echte Verbindung, die Ihnen den Atem raubt, erfordert, dass Sie sich emotional ausziehen. Das ist ein gewagtes Unterfangen, aber ist der Akt des Liebens und Begehrens nicht an sich schon ein gewagter Sprung?

Lassen Sie uns nun über **Dr. John Gottman** sprechen, der in "The Seven Principles for Making Marriage Work" (1999) die Bedeutung der "kleinen Momente" hervorhebt. Diese Momente sind tägliche Gelegenheiten, mit dem Partner eine emotionale und erotische Verbindung herzustellen. Dabei kann es sich um ein wissendes Augenzwinkern, eine unerwartete Nachricht oder sogar um eine so einfache Geste wie das schweigende Halten der Hand des anderen handeln. In diesen flüchtigen Momenten liegt die Essenz der erotischen Kommunikation.

Wenn Sie das Gefühl haben, dass Sie sich selbst in Ihrer Beziehung verloren haben oder dass der Funke nicht mehr überspringt, sollten Sie sich Kapitel 5 ansehen, in dem wir über das Selbstwertgefühl im Schlafzimmer sprechen. Oft hängt unsere Fähigkeit, erotisch zu kommunizieren, damit zusammen, wie wir uns selbst einschätzen.

Für diejenigen, die nach Inspiration suchen, mögen die Worte von **Anais Nin** in "Delta der Venus" (1977) erhellend sein: "Wir erwarten nicht, dass die Liebe so ist wie früher, sondern dass sie mit der Zeit wächst". Die erotische Kommunikation ist kein Ziel, sondern eine sich ständig verändernde Landschaft, die darauf wartet, erkundet zu werden.

Kurzum, liebe Leserin, lieber Leser, erotische Kommunikation ist sowohl eine Kunst als auch eine Wissenschaft. Sie erfordert Mut, Neugierde und vor allem Verletzlichkeit. Es ist eine Reise, auf die ich Sie einlade, sich zu begeben, bewaffnet mit den Werkzeugen, die wir besprochen haben, und mit einem Herzen, das bereit ist, zu entdecken und entdeckt zu werden.

Und während Sie sich auf das nächste Kapitel vorbereiten, möchte ich Sie mit einem Funken Vorfreude zurücklassen: Wir gehen auf eine Reise zur Entdeckung erogener Zonen, von denen Sie vielleicht nicht einmal wussten, dass es sie gibt. Sind Sie bereit, über das Offensichtliche hinauszugehen?

Kapitel 8: Die vergessenen erogenen Zonen: Entdeckungen jenseits des Offensichtlichen

Wenn ich Sie bitten würde, Ihre erogenen Zonen zu benennen, was würde Ihnen einfallen? Vielleicht würden Sie an die Klassiker denken: Lippen, Hals, Brüste, Genitalien.... Aber haben Sie sich jemals gefragt, ob Ihr Wissen zu früh aufhört?

Was wäre, wenn ich Ihnen sagen würde, dass Ihr Körper eine Schatztruhe voller Empfindungen ist, die darauf warten, entdeckt zu werden? Die Wahrheit ist, dass jeder Winkel und jede Ritze, jede Falte, jede Pore das Potenzial hat, Vergnügen zu bereiten. Aber um das zu verstehen, müssen wir erst einmal begreifen, warum es so wichtig ist, über das Offensichtliche hinauszugehen.

Wir leben in einer Gesellschaft, die mit Informationen gesättigt ist, und paradoxerweise gibt es immer noch Bereiche des menschlichen Vergnügens, die im Dunkeln bleiben. Einige dieser Bereiche gelten als Tabu, andere sind von der Populärkultur und den Medien einfach vergessen worden. Können Sie sich vorstellen, wie viel angenehmer Ihre Erfahrungen sein könnten, wenn Sie Ihren Wissenshorizont in diesem Bereich erweitern würden?

Wenn Sie diese Bereiche kennen lernen, werden Sie nicht nur eine größere Bandbreite an Empfindungen erleben, sondern auch sich selbst und Ihren Partner besser verstehen. Egal, ob Sie in einer Beziehung sind oder Ihre eigene Gesellschaft genießen, jeden Winkel Ihres Körpers kennenzulernen ist ein

Akt der Selbstliebe. Es bedeutet im Wesentlichen, den stillen Teilen von Ihnen eine Stimme zu geben.

Erinnern Sie sich noch an Kapitel 5, als wir über das Selbstwertgefühl im Schlafzimmer sprachen? Wenn Sie sich bei der Erkundung dieser Bereiche unsicher fühlen, sollten Sie sich diesen Abschnitt noch einmal zu Gemüte führen. Selbstvertrauen ist der erste Schritt auf dem Weg der Selbstentdeckung.

Um diese Erkundung zu beginnen, lade ich Sie ein, Ihre Augen für einen Moment zu schließen. Stellen Sie sich Ihren Körper als einen unerforschten Kontinent vor. Sie können Berge, Täler, Flüsse und Ebenen sehen, jede mit ihrer eigenen Schönheit und ihrem eigenen Geheimnis. Sind Sie bereit, diese Reise zu beginnen? Fragen Sie sich: Welche Bereiche Ihres Körpers haben Sie noch nicht erforscht, weil Sie dachten, sie seien nicht wichtig oder weil Sie einfach nie darüber nachgedacht haben?

Alfred Kinseys Forschungen in den 1940er und 1950er Jahren deuteten bereits an, dass unsere erogenen Reaktionen nicht auf den Genitalbereich beschränkt sind. Und obwohl viele seiner Erkenntnisse damals umstritten waren, hat er zweifellos ein Fenster zur Vielfalt der menschlichen Erfahrung geöffnet.

In diesem Sinne ist es an der Zeit, unsere Landkarte der Lust zu erweitern, über das Offensichtliche hinauszugehen und zu lernen, jeden Zentimeter unserer Anatomie zu schätzen. Sie werden feststellen, dass die bewusste Erkundung Sie an Orte führen kann, die Sie sich nie hätten vorstellen können, und dass Sie auf unerwartete und wunderbare Weise Freude erleben können.

Sind Sie bereit für die nächste Etappe dieser faszinierenden Reise? Ich verspreche Ihnen, sie wird aufschlussreich sein. Und natürlich ungemein unterhaltsam.

In einer Welt, in der geografische Karten jeden Berg und jedes Tal, jeden Fluss und jede Insel kartiert haben, scheint alles erforscht zu sein. Doch unsere Anatomie ist ein Land, das noch Geheimnisse birgt, die es zu entdecken gilt. Es ist, als hätten wir einen inneren Atlas voller verborgener Wege, die darauf warten, befahren zu werden. Stellen Sie sich vor, dass Sie jedes Mal, wenn Sie eine neue Route auf dieser Karte entdecken, nicht nur Ihren Horizont erweitern, sondern auch Ihre Verbindung zu sich selbst und zu Ihrem Partner vertiefen.

Wie bereits erwähnt, öffnete Alfred Kinsey ein Fenster zur Vielfalt der menschlichen Erfahrung. Aber er war nicht allein. Masters und Johnson betonten in ihrer bahnbrechenden Studie "Human Sexual Response" aus dem Jahr 1966, dass der Körper sehr viel empfänglicher ist, als traditionell angenommen. Was bedeutet das? Es bedeutet, dass es zwar bestimmte hochsensible Bereiche gibt, aber jeder Zentimeter unserer Haut das Potenzial hat, erogen zu sein.

Schauen wir uns einige Beispiele an: die Innenseite Ihrer Arme, Ihre Handgelenke, Ihre Kniekehlen, Ihre Kopfhaut, Ihre Ohrläppchen.... Haben Sie schon einmal ein angenehmes Kribbeln gespürt, wenn diese Stellen sanft gestreichelt werden? Vielleicht haben Sie es bis jetzt übersehen oder sogar unterschätzt.

Deborah Anapol spricht in ihrem Buch "The Spiritual Dimension of Love and Relationships" (1997) darüber, wie wir unsere erogenen Zonen durch Meditation und Achtsamkeit erweitern können. Ihr zufolge können wir fast jeden Teil unseres Körpers in eine Quelle der Lust verwandeln, indem wir unser Körperbewusstsein steigern und uns auf unser inneres Selbst einstimmen.

Sie fragen sich vielleicht: "Warum habe ich das nicht gewusst? Warum hat mir das niemand gesagt?" Die Antwort ist, dass die Gesellschaft dazu neigt, die sexuelle Erfahrung zu vereinfachen und zu stereotypisieren. Sie wird uns oft auf eine reduzierte Art und Weise präsentiert, die unser Verständnis und damit unsere Erfahrung einschränkt. Aber jetzt, da Sie mit diesem Wissen ausgestattet sind, können Sie sich selbst herausfordern und weiter erforschen.

Wie Margaret Mead, die bekannte Anthropologin, in ihrem Werk "Sex and Temperament in Three Primitive Societies" (1935) schrieb: "Variabilität ist das Gesetz des Lebens". Ist es nicht aufregend, sich vorzustellen, dass es so viele verschiedene Arten gibt, Freude zu empfinden und zu erleben?

Und was ist, wenn Sie in diesem Prozess der Erkundung Bereiche finden, die Ihnen keine Freude bereiten oder sich sogar unangenehm anfühlen? Das ist auch in Ordnung. Das Schöne an dieser Reise ist, dass es keinen richtigen oder falschen Weg gibt, nur Ihren Weg.

Wenn wir uns die Worte dieser Gelehrten und die Studien, die sie zum Verständnis der Sexualität beigetragen haben, ins Gedächtnis rufen, wird deutlich, dass unsere Anatomie reich, vielfältig und überraschend ist. Und jeder von uns hat seine eigene Konstellation von erogenen Zonen, die darauf warten, entdeckt zu werden.

Lassen Sie uns unsere Entdeckungsreise fortsetzen, denn die wahren Schätze sind oft an ungeahnten Orten versteckt. Denken Sie einen Moment daran, dass viele Menschen ihr ganzes Leben lang die Komplexität ihres eigenen Körpers nicht wirklich entdecken. Nicht nur das, sondern sie verlassen sich oft ausschließlich auf die Anleitung anderer, um sich in ihrer körperlichen Landschaft zurechtzufinden. Aber was wäre, wenn ich Ihnen sagen würde, dass Sie eine innere Landkarte haben, die darauf wartet, gelesen und verstanden zu werden? Eine Karte, die Sie zu verborgenen Schätzen und Erfahrungen führen kann, die über das hinausgehen, was Sie für möglich gehalten haben.

Lassen Sie uns ein konkretes Beispiel nehmen. Stellen Sie sich eine sanfte Liebkosung an Ihrem Hals vor. Stellen Sie sich nun vor, welchen Multiplikatoreffekt diese Berührung haben könnte, wenn Sie sich in einem Zustand tiefer Entspannung befinden, voll und ganz im Augenblick präsent und auf jede Empfindung eingestimmt sind. Die Atmung verlangsamt sich, die Außenwelt verblasst und die leichte Berührung wird zu einem Rausch der Freude. Es ist ein Gefühl, das Sie vielleicht selten, wenn überhaupt, erlebt haben. Aber sie ist da und wartet darauf, dass Sie sie entdecken.

Barbara Carrellas bietet uns in ihrem Buch "Urban Ecstasy: Rituale, Zauber und die Textur der Wirklichkeit" (2005) einen Einblick in die Kunst, unsere Fähigkeit zur Lust zu erweitern. Durch meditative Praktiken und Übungen ermutigt uns Carrellas, uns mit unseren weniger bekannten erogenen

Zonen zu verbinden, nicht nur körperlich, sondern auch emotional und spirituell.

Haben Sie zum Beispiel jemals über die erogene Kraft Ihres Geistes nachgedacht? Denken Sie darüber nach: Vorfreude, Fantasie, emotionale Spannung - all das spielt eine entscheidende Rolle bei der Verstärkung unserer körperlichen Lust. In diesem Sinne könnte das Gehirn als die mächtigste erogene Zone betrachtet werden.

Und bleiben Sie nicht dabei stehen. Im Einklang mit unserem Ziel, den Horizont zu erweitern, sollten Sie auch die energetischen erogenen Zonen berücksichtigen. Dabei handelt es sich um Punkte auf Ihrem Körper, an denen sich nach einigen alten Traditionen eine starke und lebendige Energie befindet. Die Chakren zum Beispiel sind Energiezentren, die in unserem Körper verteilt sind und die, wenn sie harmonisiert sind, unsere erotische Erfahrung verbessern können.

Denken Sie an Ihre eigenen Erfahrungen: Haben Sie jemals ein Kribbeln an der Basis Ihrer Wirbelsäule oder ein warmes Gefühl in der Mitte Ihrer Brust gespürt? Das könnten Anzeichen dafür sein, dass Ihre Chakren aktiviert sind. Mit etwas Übung und Aufmerksamkeit können Sie lernen, diese Energie zu kanalisieren, um Ihre sexuelle Erfahrung auf ein neues Niveau zu heben.

Natürlich ist es wie bei jeder Entdeckungsreise wichtig, offen und bereitwillig zu sein. Vielleicht finden Sie Wege, die Sie nicht dorthin führen, wo Sie es erwartet haben, aber ist das nicht der Sinn des Forschens? Wie Virginia Johnson von dem berühmten Forscherehepaar Masters und Johnson einmal sagte: "Sexualität ist eine Reise, kein Ziel". Und wie bei jeder Reise liegt in der Erkundung der wahre Wert und die lohnendsten Erfahrungen.

2 / 2

Nachdem Sie also die oberflächlichen Schichten entwirrt haben, befinden Sie sich nun am Rande eines tiefen Abgrunds des Verstehens. Jeder Schritt, den Sie gemacht haben, hat Sie auf diesen Moment vorbereitet, auf das Eintauchen in die noch verborgeneren Geheimnisse von Lust und Vergnügen. Aber spüren Sie nicht auch eine leichte Brise der Vorfreude, eine Sehnsucht nach dem Abenteuer?

Der Sexualwissenschaftler Alfred Kinsey betonte in seiner monumentalen Studie "Sexual Behaviour of Man" (1948), dass Vielfalt die Norm ist, wenn es um die menschliche Sexualität geht. Während einige erogene Zonen universell sind, gibt es viele, die für jedes Individuum einzigartig sind. Erinnern Sie sich an das Streicheln des Halses, das wir bereits erwähnt haben? Für manche ist dieselbe Liebkosung an der Innenseite des Handgelenks, hinter den Knien oder in der Ellbogenbeuge vielleicht effektiver.

Ich lade Sie ein, darüber nachzudenken: Haben Sie schon einmal irgendwo in Ihrem Körper ein unerwartetes Kribbeln verspürt? Eine Stelle, die Sie durch die Intensität des Gefühls überrascht hat? Das, lieber Leser, ist eine Ihrer einzigartigen erogenen Zonen.

Und wenn wir diesen Weg der Selbstentdeckung beschreiten, sollten wir uns an die weisen Worte von Esther Perel erinnern, der Autorin von "Erotic Intelligence: Reconciling Domestic Life with Passion" (2006). Perel vertritt die Ansicht, dass das Begehren in dem Raum zwischen uns und dem geliebten Menschen, im Geheimnis und in der Neuartigkeit genährt wird. Wenn Sie also diese vergessenen Zonen erforschen, stärken Sie nicht nur Ihre Beziehung zu sich selbst, sondern auch den Funken zu Ihrem Partner.

Es ist erwähnenswert, dass diese erogenen Zonen nicht statisch sind. Sie verändern und entwickeln sich mit der Zeit, mit unserer Gesundheit und mit unseren Erfahrungen. Und genau diese Entwicklung macht die Sexualität im Laufe unseres Lebens zu einer so reichen und vielfältigen Erfahrung.

Bevor ich dieses Kapitel schließe, schlage ich ein kleines Experiment vor. Wenn Sie sich das nächste Mal in einem intimen Moment befinden, entweder mit sich selbst oder mit einem Partner, nehmen Sie sich etwas Zeit zum Erforschen, zum Entdecken. Bewegen Sie Ihre Hände mit Neugier, ohne Erwartungen, einfach auf der Suche nach den verborgenen Schätzen.

Nach dieser Reise durch die Weiten der vergessenen erogenen Zonen möchte ich Ihnen einen kleinen Vorgeschmack auf das geben, was Sie im nächsten Kapitel erwartet. Wir werden uns mit antiken Kulturen und ihrer tiefgreifenden sexuellen Weisheit beschäftigen. Welche Lektionen, so fragen Sie, können uns antike Zivilisationen bieten? Wie haben sie die Sexualität in ihr tägliches Leben integriert, und was können wir von ihnen lernen, um unsere eigenen Erfahrungen zu bereichern? Folgen Sie uns, und wir werden gemeinsam die Geheimnisse der Vergangenheit lüften.

Kapitel 9: Antike Kulturen und ihre sexuelle Weisheit: Was können wir von ihnen lernen?

Haben Sie schon einmal darüber nachgedacht, wie die alten Zivilisationen die Welt der Sexualität behandelt haben? Im modernen Zeitalter mit der Verbreitung von Technologie und Informationen halten wir es oft für selbstverständlich, dass wir alles wissen. Aber was wäre, wenn ich Ihnen sagen würde, dass wir eine Menge von den Gesellschaften vor uns lernen können? Sind Sie bereit, sich auf eine Reise in die Vergangenheit zu begeben, um die sexuellen Geheimnisse zu entdecken, die die alten Zivilisationen so gut gehütet haben?

Unsere Vorstellung von Sexualität wurde im Laufe der Jahrtausende geformt und von Kulturen, Religionen und Revolutionen beeinflusst. Jede Zivilisation hat ihren Teil dazu beigetragen und einen reichen Teppich an Weisheiten und Praktiken hinterlassen, die in gewisser Weise unser modernes Verständnis von Lust, Vergnügen und Verbindung geprägt haben. Die Frage ist: Sind wir bereit, auf das zu hören, was sie uns zu sagen haben?

Nehmen wir uns einen Moment Zeit zum Nachdenken. Wenn Sie in der Zeit zurückreisen und sich im antiken Griechenland wiederfinden würden, was glauben Sie, wie Ihr Sexualleben aussehen würde? Was wäre, wenn Sie ein Mitglied des ägyptischen Adels wären? Oder ein Bürger des riesigen chinesischen Reiches? Ich bin mir sicher, dass der bloße Gedanke daran bereits Ihre Fantasie beflügelt hat. Aber was wissen Sie wirklich über diese Kulturen und ihre Einstellung zur Sexualität? Haben Sie jemals darüber nachgedacht, dass diese Zivilisationen in ihrer Weisheit vielleicht schon Antworten auf die Fragen hatten, die wir uns heute stellen?

In der Tat hat Margaret Mead in ihrem bahnbrechenden Werk "Sex and Temperament in Three Primitive Societies" (1935) die Variabilität sexueller Normen und Verhaltensweisen in verschiedenen Kulturen aufgezeigt und damit viele westliche Annahmen über die Universalität menschlichen Verhaltens in Frage gestellt. Lassen Sie sich nun überraschen: Einige der "modernen" Praktiken und Erkenntnisse, die wir zu "entdecken" glauben, gibt es in verschiedenen Teilen der Welt schon seit Jahrtausenden.

Deshalb lade ich Sie, liebe Leserin, lieber Leser, ein, Ihren Geist und Ihr Herz zu öffnen und in die reiche Geschichte der menschlichen Sexualität einzutauchen. Indem wir die Vergangenheit erforschen, werden wir nicht nur etwas über diejenigen lernen, die vor uns kamen, sondern wir werden auch in der Lage sein, unsere eigene Sexualität in einem neuen Licht zu sehen, frei von zeitgenössischen Vorurteilen und Normen. Trauen Sie sich, mit mir die Geheimnisse zu entdecken, die alte Zivilisationen für uns bewahrt haben?

Unsere Erkundung führt uns zunächst in das üppige und geheimnisvolle Land des alten Ägypten. In einer Welt, in der der Nil über Leben und Tod entschied, war Sexualität untrennbar mit Religion, Magie und Macht verwoben. Tempelwände, Gräber und Papyri enthüllen Szenen, die uns heute vielleicht die Schamesröte ins Gesicht treiben, die aber ein ganz natürlicher Teil des täglichen Lebens waren.

Der angesehene Historiker James F. Romano beleuchtet in seinem Werk "Sexuality in Ancient Egypt" (1991), wie die Ägypter den Sexualakt nicht nur als Mittel zur Fortpflanzung, sondern auch als eine Form der Kommunikation mit den Göttern betrachteten. Man glaubte, dass die Lebenskraft des Pharaos für den Wohlstand des Reiches unerlässlich war. Daher spielten sexuelle Zeremonien und Rituale eine entscheidende Rolle bei der Verehrung und Verbindung mit den Göttern.

Aber warten Sie einen Moment... Fühlen Sie sich nicht auch ein wenig verwirrt, wenn Sie daran denken, dass eine Gesellschaft Sexualität und das Göttliche so frei miteinander verbinden konnte? In unserer Zeit, in der Diskussionen über Sexualität oft tabuisiert oder vom Spirituellen getrennt werden, kann die altägyptische Perspektive wie ein Rätsel erscheinen. Aber was wäre, wenn sie uns einen Weg zu einem ganzheitlicheren und vernetzten Verständnis des sexuellen Aktes zeigen würden?

Unsere Reise geht weiter ins antike Griechenland, einer Säule der Philosophie, Politik und, ja, der Sexualität. Sie kennen vielleicht die Geschichte von Aphrodite, der Göttin der Liebe, und Eros, dem Gott der Begierde, aber wussten Sie, dass die Griechen mehrere Wörter hatten, um verschiedene Formen der Liebe zu beschreiben? Agape" für bedingungslose Liebe, "Storgé" für familiäre Liebe, "Philía" für freundschaftliche Liebe und "Éros" für romantische und sexuelle Liebe.

So werden in Platons "Das Gastmahl" (ca. 380-370 v. Chr.) Liebe und Begehren ausführlich erörtert und es wird dargelegt, wie diese Gefühle die menschliche Seele erheben können. Die Griechen genossen nicht nur den körperlichen Akt der Liebe, sondern analysierten und diskutierten ihn auch und versuchten, seine tiefgreifenden Auswirkungen auf den Einzelnen und die Gesellschaft zu verstehen.

Was machen wir also heute, das sich so sehr von diesen alten Zivilisationen unterscheidet? Manche mögen behaupten, dass sich unsere Gesellschaft "weiterentwickelt" hat, aber haben wir dabei nicht etwas verloren? Wenn wir auf diese Kulturen und ihre offene Akzeptanz und Zelebrierung der Sexualität zurückblicken, erhalten wir vielleicht eine Einladung: eine Einladung, unsere eigene sexuelle Natur zu überdenken, neu zu überdenken und uns letztlich auf eine tiefere und sinnvollere Weise mit ihr zu verbinden.

Denn wenn diese alten Kulturen eine solche Weisheit und ein solches Verständnis im Bereich der Sexualität finden konnten, könnten wir dann nicht mit all unseren modernen Werkzeugen und unserem Wissen dasselbe tun?

Auf unserer zeitlichen Reise befinden wir uns in den Ebenen des alten Indien. Hier bringen die Winde ein Echo der alten Veden mit sich, heilige Texte, die die Grundlage der Kultur und Spiritualität dieses Landes bilden. Und unter diesen Texten sticht das Kamasutra hervor, nicht nur als Handbuch sexueller Stellungen, wie es in der Populärkultur oft missverstanden wird, sondern auch als Leitfaden für ein erfülltes und sinnvolles Leben, in dem Vergnügen und Spiritualität miteinander verwoben sind.

Das Kamasutra, das von Vatsyayana im 4. Jahrhundert verfasst wurde, bietet nicht nur eine Anleitung für den körperlichen Liebesakt, sondern auch eine tiefgründige Weisheit darüber, wie man in Harmonie mit sich selbst und anderen leben kann. Einige Experten, wie Wendy Doniger in ihrem Werk "Rediscovering the Kama Sutra: Beyond Sex" (2003), argumentieren, dass dieser alte Text einer der umfassendsten Leitfäden für ein ausgeglichenes Leben ist, der Aspekte der Liebe, der Kunst, des sozialen Lebens und natürlich der Sexualität anspricht.

Aber was macht das Kama Sutra so besonders? Zunächst einmal erkennt es den Sex als eine Form der Meditation an, als einen Weg, sich mit dem Göttlichen zu verbinden. Wenn Sie sich schon einmal in der leidenschaftlichen Umarmung eines Liebhabers verloren haben, dann wissen Sie, wie es ist, ganz präsent zu sein, völlig in den Moment versunken. Das Kamasutra lädt uns ein, diesen Moment zu umarmen, den sexuellen Akt als eine Form von Yoga zu verstehen, eine Praxis, die Körper, Geist und Seele vereint.

Während Sie über diese Lehren nachdenken, möchte ich Ihnen eine Frage stellen: Wie würde sich Ihr Leben verändern, wenn Sie jeden Akt der Liebe nicht als etwas Triviales oder Tabuisiertes betrachten würden, sondern als eine heilige Praxis? Was würde geschehen, wenn Sie sich ganz der Gegenwart, dem Vergnügen und der Verbindung mit Ihrem Partner hingeben würden?

Aber nicht nur das alte Indien vertrat ein tiefes Verständnis der Sexualität. Auch in den taoistischen Lehren des alten China wurde der Liebesakt als Mittel zur Kultivierung der Lebensenergie, des "Chi", betrachtet. In dem Buch "Das taoistische Geheimnis der Liebe" (1984) von Mantak Chia und Michael Winn werden Techniken erörtert, mit denen der sexuelle Akt in eine spirituelle Praxis umgewandelt werden kann, bei der die sexuelle Energie für Gesundheit, Langlebigkeit und spirituelle Erhebung kanalisiert wird.

Diese Beispiele aus dem Kamasutra und dem Taoismus sind nicht einfach nur uralte und überholte Praktiken, sondern bieten uns ein Objektiv, durch das wir unsere eigene Sexualität auf eine neue und revitalisierte Weise betrachten können. Sie bieten uns die Möglichkeit, unsere sexuelle Energie als eine mächtige und transformative Kraft in unserem Leben zu erkennen und zu feiern.

Ich lade Sie also ein, diese Reise mit einem offenen Geist und einem bereitwilligen Herzen fortzusetzen, um von diesen alten Traditionen zu lernen. Denn obwohl Tausende von Jahren vergangen sind, sind die Weisheiten und Lehren, die uns diese Kulturen hinterlassen haben, auch heute noch relevant. In Kapitel 7 haben wir über erotische Kommunikation gesprochen und darüber, wie mächtig die Sprache der Lust sein kann. Wenn wir nun diese alten Kulturen erforschen, sehen wir, dass diese Sprache des Begehrens seit Jahrtausenden gesprochen und zelebriert wird und nur darauf wartet, dass wir sie wiederentdecken und neu zelebrieren.

Kapitel 10: Psychologische Werkzeuge zur Überwindung der Scham

Scham, dieses schwer fassbare und oft erdrückende Gefühl, das uns daran hindert, unsere Sexualität vollständig zu erforschen. Haben Sie sich jemals gefragt, warum ein so natürlicher und menschlicher Akt wie die Sexualität eine Quelle so vieler innerer und äußerer Konflikte sein kann? Warum kämpfen wir mitten im 21. Jahrhundert immer noch mit Tabus und Vorurteilen, die wir längst hätten hinter uns lassen sollen?

Vielleicht haben Sie schon einmal den peinlichen Moment erlebt, in dem Sie eine Fantasie mit Ihrem Partner geteilt haben, in der Erwartung, akzeptiert zu werden, und dann nur einen verwirrten Blick oder, schlimmer noch, ein Urteil zu hören bekamen. Oder vielleicht erinnern Sie sich an die beiläufige Bemerkung eines Freundes oder Familienmitglieds, die Ihnen das Gefühl gab, weniger wert zu sein, und die Sie dazu brachte, Ihre innersten Wünsche und Gefühle zu hinterfragen. Aber was wäre, wenn ich Ihnen sagen würde, dass Scham nichts anderes als ein soziales Konstrukt ist? Eine Reihe von Regeln und Erwartungen, die uns die Gesellschaft auferlegt, die aber nicht unbedingt unser wahres Wesen widerspiegeln.

Sexuelle Scham ist oft das Ergebnis einer jahrelangen Konditionierung. Von klein auf erhalten wir widersprüchliche Botschaften über unsere Sexualität. Auf der einen Seite bombardiert uns die Popkultur mit sexualisierten Bildern, während auf der anderen Seite viele kulturelle und religiöse Traditionen Bescheidenheit und Zurückhaltung predigen.

Nehmen wir uns einen Moment Zeit, um darüber nachzudenken: Wie oft hatten Sie das Gefühl, sich einer bestimmten Form oder Norm anpassen zu müssen, wenn es um Ihr Sexualleben geht? Welche Stimmen aus der Vergangenheit hallen in Ihrem Kopf wider und sagen Ihnen, was "normal" ist und was nicht?

Brenee Brown spricht in ihrem Buch "Daring Greatly" (2012) über Scham als "das intensive und schmerzhafte Gefühl oder die Erfahrung, zu glauben, dass wir unvollkommen und daher nicht der Liebe und Zugehörigkeit wert sind". Aber was wäre, wenn wir dieses Narrativ in Frage stellen würden? Was wäre, wenn Sie anfangen würden, Ihre Sexualität nicht als etwas zu sehen, dessen Sie sich schämen müssen, sondern als einen wichtigen Teil von Ihnen, der es wert ist, erforscht und gefeiert zu werden?

Zu Beginn dieses Kapitels möchte ich Sie auf eine Reise der Selbstfindung einladen. Auf dem Weg dorthin werden wir alte Überzeugungen hinterfragen, uns mit Ängsten auseinandersetzen und hoffentlich auf der anderen Seite mit einer neuen Perspektive auf unsere eigene Sexualität auftauchen. Eine, die nicht auf Scham basiert, sondern auf Selbstliebe, Akzeptanz und Freiheit.

Sind Sie also bereit, die Scham hinter sich zu lassen und Ihre Sexualität in ihrer ganzen wundersamen Komplexität anzunehmen? Sind Sie bereit, sich auf eine der transformativsten Reisen Ihres Lebens einzulassen? Denn hier, in Kapitel 10, beginnen wir eine Reise in das Herz unserer eigenen Sexualität, lassen den Ballast der Scham hinter uns und begeben uns in eine Zukunft der Akzeptanz und Selbstliebe. Los geht's!

Um das Ausmaß der Scham und ihre Auswirkungen auf unser Sexualleben wirklich zu verstehen, müssen wir zunächst ihre Wurzeln erforschen: Woher kommt sie? Wie wird sie so tief in unserer Psyche verwurzelt?

Anthropologen vermuten, dass die Scham in ihren grundlegendsten Formen ursprünglich ein Mechanismus der sozialen Kontrolle war. In The Expression of the Emotions in Man and Animals (1872) legt Charles Darwin nahe, dass Emotionen wie Scham für die Aufrechterhaltung der Ordnung in primitiven Gesellschaften wesentlich waren. Sie dienten dazu, uns mitzuteilen, wenn wir gegen Gruppennormen und -erwartungen verstießen. Doch während die Scham früher vielleicht einen nützlichen Zweck erfüllte, ist ihre Rolle in der modernen Sexualität heimtückischer und oft zerstörerisch.

Schauen wir uns einige der Hauptursachen für sexuelle Scham näher an.

Bildung und Erziehung: Von klein auf wird uns beigebracht, unsere natürliche Neugierde zu verbergen und zu unterdrücken. Die Worte "fass das nicht an" oder "das ist privat" sind in den Köpfen der Kinder verankert. Alfred Kinsey stellte in "Sexual Behavior in the Human Male" (1948) fest, dass ein Großteil unseres Verständnisses von und unserer Beziehung zu Sexualität in der Kindheit geprägt wird. Wenn diese Jahre mit negativen Botschaften oder Tabus gefüllt sind, werden diese Gefühle wahrscheinlich bis ins Erwachsenenalter anhalten.

Religion: In vielen religiösen Traditionen wird Sexualität mit Misstrauen, wenn nicht gar mit offener Feindseligkeit betrachtet. Die Vorstellung von der "Erbsünde" im Christentum oder strenge Reinheitsvorschriften in anderen Religionen haben zu einer komplizierten Beziehung zwischen Glauben und Begehren beigetragen.

Medien: Unrealistische Schönheitsnormen, Objektivierung und fehlende realistische Sexualerziehung können zu einem Gefühl der Unzulänglichkeit oder des Ungenügens führen. In "The Beauty Myth" (1990) erörtert Naomi Wolf, wie mediengesteuerte Schönheitsstandards zu Selbstkritik und Scham führen können.

Wenn wir diese Quellen verstehen, wird klar, dass sexuelle Scham nicht aus dem Nichts kommt. Sie ist das Ergebnis jahrelanger, ja jahrzehntelanger Botschaften und Erfahrungen, die unsere Sichtweise prägen.

Aber es gibt eine gute Nachricht. So wie Scham erlernt wurde, kann sie auch wieder verlernt werden. Hier kommen psychologische Werkzeuge ins Spiel. Um Scham anzusprechen und zu überwinden, müssen wir uns ihr direkt stellen. Aber wie machen wir das?

Stellen Sie sich einen Moment lang vor, Sie könnten sich von den Ketten befreien, die Sie gefangen halten, wenn Sie frei fliegen könnten, um Ihre Wünsche und Bedürfnisse ohne Angst zu erkunden. Denken Sie daran, wie befreiend das wäre. Fühlen Sie sich bereit für diese Reise?

An erster Stelle steht die Selbsterkenntnis. Sich selbst zu kennen, ist der erste Schritt zur Überwindung jedes

Hindernisses. Die Therapeutin Esther Perel betont in ihrem Buch "Mating in Captivity" (2006), wie wichtig Introspektion und Selbsterforschung für den Aufbau eines befriedigenden Sexuallebens sind. Nur wenn wir unsere eigenen Überzeugungen und Vorurteile verstehen, können wir damit beginnen, sie zu hinterfragen und zu ersetzen.

Auf dem Weg nach vorn ist es wichtig, sich daran zu erinnern, dass Sie auf diesem Weg nicht allein sind. Auch wenn Ihre Erfahrung einzigartig ist, ist der Kampf mit der Scham universell. Mit der richtigen Unterstützung, den richtigen Werkzeugen und einer Portion Mut können Sie die Scham überwinden und eine authentische und befreite Sexualität entdecken.

Nachdem wir nun also die Quellen der sexuellen Scham identifiziert und ihren Ursprung in unserer Psyche verstanden haben, ist es an der Zeit, sich eingehender mit ihrer Überwindung zu befassen. Zunächst ist es jedoch wichtig zu verstehen, dass der Weg zur Überwindung der Scham so individuell ist wie die Erfahrungen, die sie hervorgerufen haben. Anhand konkreter Beispiele können wir diesem Weg jedoch Gestalt und Verständnis verleihen.

Beispiel 1: Lucia, eine 32-jährige Frau, wuchs in einem extrem religiösen Haushalt auf, in dem die Sexualerziehung auf Abstinenz beschränkt war. Daher war ihre erste sexuelle Erfahrung im College verwirrend und mit Schuldgefühlen behaftet. Jedes Mal, wenn sie sich dem Akt hingab, kamen ihr die Worte ihrer Mutter in den Sinn, "rein zu bleiben". Doch wie konnte Lucia dies überwinden? Durch eine Therapie begann Lucia, ihre eigenen Überzeugungen über Sexualität zu erforschen. Sie las Bücher wie Emily Nagoskis "Come as You Are" (2015), in dem es um die fließende Natur der weiblichen Sexualität geht und darum, wie Frauen ihr Begehren zurückgewinnen können. Lucia suchte auch nach Online-Selbsthilfegruppen, in denen andere Frauen ähnliche Erfahrungen austauschten. Dadurch wurde ihr klar, dass sie nicht allein war und dass sie die Geschichte ihrer Sexualität neu schreiben konnte.

Beispiel 2: Samuel, ein 27-jähriger schwuler Mann, wusste schon immer um seine Orientierung, aber die Scham, "anders" zu sein, veranlasste ihn, seine Wahrheit zu verbergen. Er lebte in ständiger Angst, von seiner Familie und seinen Freunden abgelehnt zu werden. Der Wendepunkt kam, als er an einer Freizeit für LGBTQ+ Jugendliche teilnahm. Als er ähnliche Geschichten hörte und sah, wie andere ihre Identität angenommen hatten, erkannte Samuel, dass er es verdiente, authentisch zu leben. Das Eintauchen in Literatur, wie Alan Downs' The Velvet Rage (2005), vermittelte ihm ein tieferes Verständnis von Scham und deren Überwindung.

Diese Beispiele sind zwar spezifisch, zeigen aber ein Muster auf: die Macht der Information, der Unterstützung und der Selbstreflexion.

Lassen Sie uns innehalten. Stellen Sie sich eine Zeit in Ihrem Leben vor, in der Sie Scham empfunden haben. Dabei kann es sich um eine peinliche Situation handeln oder um etwas, das tiefer mit Ihrer Identität oder Ihren Wünschen zusammenhängt. Haben Sie es vor Augen? Das ist gut. Was wäre, wenn Sie die Mittel hätten, diese Scham anzusprechen, sie zu entwirren und sich von ihrer Last zu befreien?

Diese Werkzeuge sind keine Zauberei; sie sind praktisch, zugänglich und vor allem wirksam. John Bradshaw beschreibt in Healing the Shame That Binds You (1988), wie wichtig die Auseinandersetzung mit der Scham für ein erfülltes Leben ist. Durch Übung, Reflexion und oft mit Hilfe eines Therapeuten können wir beginnen, die Ketten der Scham abzustreifen und eine authentische und freie Sexualität zu leben.

Bei einigen ist die Scham auf gesellschaftliche Normen zurückzuführen, bei anderen auf frühere Traumata. Aber in allen Fällen gibt es Hoffnung und einen Weg nach vorn. Alles, was es braucht, ist der Mut, sich auf die Reise zu begeben, und die Entschlossenheit, sich nicht von der Scham bestimmen zu lassen, wer man ist. Denn haben Sie nicht ein Leben voller Authentizität, Freude und Freiheit verdient? Natürlich haben Sie das.

Der Weg zu einem Leben in Authentizität und Freiheit ist eine Reise wert, und obwohl wir in diesem Kapitel schon sehr weit gekommen sind, gibt es immer noch einige wichtige Themen, die wir angehen müssen. Scham hat, wie wir gesehen haben, tiefe Wurzeln. Aber was wäre, wenn ich Ihnen sagen würde, dass der Schlüssel zum Aufschließen der schweren Tür der Scham schon die ganze Zeit in Ihren Händen lag?

Die Macht der Rekontextualisierung. Für viele Psychologen und Sexualexperten, wie Brené Brown in ihrem Buch "I Thought It Was Just Me (but it isn't)" (2007), ist Scham ein Gefühl, das uns in toxischen Mustern gefangen hält. Indem wir unsere Erfahrungen neu kontextualisieren und unsere persönliche Geschichte rekonstruieren, haben wir die Macht, die lähmenden Auswirkungen der Scham zu überwinden.

Nehmen wir zum Beispiel jemanden, der in der Vergangenheit nicht einvernehmliche sexuelle Erfahrungen gemacht hat und sich dafür schämt. Anstatt sich auf die Viktimisierung zu konzentrieren, könnte man die Erfahrung neu kontextualisieren, indem man die eigene Widerstandsfähigkeit und die Fähigkeit zur Heilung und zum Weitermachen anerkennt. Dadurch wird das Trauma nicht verharmlost, sondern die Person kann die Kontrolle über ihre Erzählung übernehmen und Kraft aus ihrer Erfahrung schöpfen.

Ein weiterer wichtiger Punkt ist die **Macht des Jetzt**. Wie Eckhart Tolle in The Power of Now (1997) erklärt, ist die Gegenwart alles, was wir wirklich haben. Scham zieht uns oft in die Vergangenheit zurück, zu Ereignissen und Situationen, die wir nicht mehr ändern können. Wenn wir uns jedoch auf die Gegenwart, auf das Jetzt, konzentrieren, können wir aktive Entscheidungen treffen, um uns von der Scham zu befreien und ein Leben der Authentizität zu führen.

Erinnern Sie sich an die Zeiten, in denen Sie sich zutiefst geschämt haben? Nun, stellen Sie sich vor, dass Sie die Fähigkeit haben, diese Situationen aus einer anderen Perspektive zu betrachten, einer, die Sie ermächtigt. Stellen Sie sich Ihr früheres Ich vor und sprechen Sie Worte der Ermutigung, des Verständnisses und der Liebe aus. Diese Technik der Selbstberuhigung und Neukontextualisierung kann transformativ sein.

Kurz gesagt, sich der sexuellen Scham zu stellen und sie zu überwinden, ist kein leichter Weg, aber ein sehr lohnender. In diesem Kapitel haben wir die Wurzeln der Scham erforscht, wie sie sich manifestiert und wie wir sie konfrontieren und überwinden können. Es liegt nun an Ihnen, den nächsten

Schritt zu tun, sich Unterstützung zu suchen und ein erfülltes und authentisches Leben anzustreben.

Und nun, da Sie dieses Kapitel abschließen und sich auf das nächste vorbereiten, lade ich Sie ein, über eine Welt nachzudenken, in der wir uns alle frei von Scham fühlen, in der wir unsere Sexualität mit Vertrauen und Freude annehmen. Können Sie sich vorstellen, wie mächtig das wäre? Sie sind dabei, mehr Entdeckungen zu machen und mehr Werkzeuge für Ihr Arsenal an Selbsterkenntnis und Wachstum zu finden. Machen Sie sich bereit, denn Kapitel 11 verspricht ein tiefes Eintauchen in die Frage, wie Umwelt und Ernährung Ihre sexuelle Gesundheit beeinflussen können. Denn ja, Nahrung und Umwelt spielen bei all dem eine Rolle. Das macht neugierig, nicht wahr? Ich freue mich darauf, Sie dort zu sehen.

Kapitel 11: Der Einfluss von Umwelt und Ernährung auf die sexuelle Gesundheit

Stellen Sie sich einen Moment lang vor, Sie befänden sich inmitten eines tropischen Regenwaldes, umgeben von Grün, und lauschen dem Wind, der durch die Blätter rauscht, und dem melodiösen Gesang exotischer Vögel. Das Leben um Sie herum ist in ständiger Bewegung und Verbindung. Alles ist miteinander verbunden, von den Pflanzen, die auf dem Boden kriechen, bis zu den Tieren, die sie fressen, und den Raubtieren, die diese Tiere jagen. In diesem Dschungel ist jeder Bestandteil wichtig für die Aufrechterhaltung des Gleichgewichts des Ökosystems.

Genauso ist Ihr Körper wie ein Dschungel. Jede Entscheidung, die Sie treffen - von der Luft, die Sie einatmen, bis hin zu den Lebensmitteln, die Sie essen -, spielt eine wichtige Rolle für Ihr allgemeines Wohlbefinden. Haben Sie sich schon einmal gefragt, wie Ihre Umgebung und Ihre Ernährung Ihre sexuelle Gesundheit beeinflussen können?

Zunächst einmal: Warum ist dieses Thema so wichtig? Lassen Sie mich Ihnen eine Frage stellen: Hätten Sie gerne die Energie, den Antrieb und das Wohlbefinden, um ein erfülltes und gesundes Sexualleben zu genießen? Die meisten Menschen würden diese Frage mit einem eindeutigen "Ja!" beantworten. Das liegt daran, dass es bei unserer sexuellen Gesundheit nicht nur um die Fortpflanzung geht. Sie ist ein wesentlicher Bestandteil unserer Lebensqualität, unseres Selbstwertgefühls und unserer intimen Beziehungen.

Unsere Umwelt und unsere Ernährung spielen eine erstaunlich große Rolle für unsere sexuelle Gesundheit. Die Luft, die wir atmen, die Qualität des Wassers, das wir trinken, das Sonnenlicht, das wir erhalten, und die Lebensmittel, die wir essen, sind alles Faktoren, die unser sexuelles Wohlbefinden verbessern oder beeinträchtigen können. Michael Pollan erinnert uns in seinem Buch "In Defence of Food" (2008) daran, dass "du bist, was du isst". Dieser einfache, aber aussagekräftige Satz verdeutlicht die enge Verbindung zwischen Ernährung und Wohlbefinden.

Denken Sie einmal darüber nach. Wenn Sie ständig stark verarbeitete Lebensmittel zu sich nehmen, denen wichtige Nährstoffe fehlen, welchen Treibstoff geben Sie dann Ihrem Körper? Das wirkt sich nicht nur auf Ihre kardiovaskuläre Gesundheit oder Ihr Energieniveau aus, sondern auch auf Ihre Libido und Ihre Fähigkeit, Ihr Sexualleben voll auszukosten. Auch die Umgebung, in der Sie leben - ob in einem städtischen Ballungsgebiet oder in einer ruhigen ländlichen Gegend - kann sich auf Ihre Stimmung, Ihr Stressniveau und damit auch auf Ihre sexuelle Gesundheit auswirken.

Vielleicht denken Sie: "Ich lebe in einer Stadt, ich kann nicht einfach aufs Land ziehen, um meine sexuelle Gesundheit zu verbessern". Und das müssen Sie auch nicht! Es ist jedoch wichtig, sich der Zusammenhänge zwischen Umwelt, Ernährung und sexueller Gesundheit bewusst zu sein. Durch kleine Veränderungen, wie z. B. die Aufnahme von mehr frischen, natürlichen Lebensmitteln in Ihre Ernährung oder die Zeit, die Sie sich nehmen, um sich zu entspannen und sich mit der Natur zu verbinden, und sei es nur in einem örtlichen

Park, können Sie Ihr sexuelles Wohlbefinden erheblich verbessern.

Nun gibt es eine unbestreitbare Tatsache. Wir leben in einem Zeitalter, in dem Informationen im Überfluss vorhanden sind, aber auch Fehlinformationen im Überfluss vorhanden sind. Deshalb ist es wichtig, dass Sie zuverlässige und gut recherchierte Quellen über die Auswirkungen von Umwelt und Ernährung auf die sexuelle Gesundheit suchen. Im nächsten Abschnitt werden wir diesen Zusammenhang näher beleuchten, indem wir uns mit Forschungsergebnissen beschäftigen und Experten auf diesem Gebiet zitieren.

Aber bevor wir tiefer eintauchen, möchte ich Sie mit einer kleinen Überlegung zurücklassen. Wenn Sie heute eine einzige Veränderung vornehmen könnten, um Ihre sexuelle Gesundheit zu verbessern, welche wäre das? Sie müssen keine drastischen Maßnahmen ergreifen. Manchmal kann schon eine kleine Veränderung eine große Wirkung haben. Mit dieser Frage im Hinterkopf lade ich Sie ein, sich mit uns auf diese spannende Reise der Entdeckung und Veränderung zu begeben. Denn ja, Ihre sexuelle Gesundheit verdient die ganze Aufmerksamkeit und Pflege, die Sie ihr geben können.

Sie stehen also an der Schwelle zu einem neuen Verständnis und sind bereit, die Zusammenhänge zwischen Ihrer sexuellen Gesundheit, der Umwelt und Ihrer Ernährung genauer zu erforschen. Wie Sie vielleicht bemerkt haben, ist der menschliche Körper unglaublich anpassungsfähig, aber er reagiert auch unglaublich sensibel auf seine Umgebung und auf das, was er zu sich nimmt. Die Lebensmittel, die Sie essen, die Luft, die Sie atmen, und sogar die Produkte, die Sie auf Ihre Haut auftragen, können Ihr allgemeines

Wohlbefinden und damit auch Ihre sexuelle Gesundheit beeinflussen.

Nehmen wir zum Beispiel das Phänomen der endokrinen Disruptoren. Diese chemischen Verbindungen, die in vielen Alltagsprodukten - von Lebensmittelverpackungen bis hin zu Kosmetika - zu finden sind, haben das Potenzial, unser Hormonsystem zu beeinträchtigen. Dr. Nicholas Kristof hebt in seinem Werk "Our Toxic Bodies" (2010) die Bedrohung durch diese Chemikalien hervor und erklärt, wie sie unsere reproduktive Gesundheit beeinflussen können, einschließlich der Entwicklung von Krankheiten und verminderter Fruchtbarkeit.

Was bedeutet das nun für Sie und Ihre sexuelle Gesundheit? Es ist zwar wichtig, Panik zu vermeiden, aber ebenso wichtig ist es, sich bewusst zu machen und informiert zu handeln. Entscheiden Sie sich, wann immer möglich, für natürliche und biologische Produkte, und achten Sie besonders auf die Etiketten. Die Wahl frischer, unverarbeiteter Lebensmittel und Produkte ohne schädliche Chemikalien kommt nicht nur Ihrer allgemeinen Gesundheit zugute, sondern kann auch Ihr sexuelles Wohlbefinden verbessern.

Lassen Sie uns über die Ernährung und ihre direkten Auswirkungen auf Libido und Leistungsfähigkeit sprechen. Die Forschung hat gezeigt, dass bestimmte Lebensmittel die Lust steigern und die sexuelle Funktion verbessern können. In "Food as Medicine" (2008) untersuchen Dr. Dharma Singh Khalsa und Cameron Stauth, wie Lebensmittel unsere Gesundheit auf überraschende Weise beeinflussen können. So können z. B. zinkhaltige Lebensmittel wie Austern die reproduktive Gesundheit verbessern und das sexuelle

Verlangen steigern. Die in Früchten wie Erdbeeren und Blaubeeren enthaltenen Antioxidantien können die Durchblutung verbessern, was wiederum die Erektionsfähigkeit steigern kann.

Es gibt jedoch eine wichtige Nuance zu beachten: Es ist zwar verlockend, nach "aphrodisierenden Lebensmitteln" zu suchen und magische Ergebnisse zu erwarten, aber es ist wichtig, sich daran zu erinnern, dass sexuelle Gesundheit vielschichtig ist. Es geht nicht nur um die Ernährung oder das Umfeld, sondern um einen ganzheitlichen Ansatz, der verschiedene Faktoren wie geistige Gesundheit, emotionale Bindung und Kommunikation mit dem Partner umfasst.

Wenn Sie über Ihre Ernährung und deren Auswirkungen auf die sexuelle Gesundheit nachdenken, sollten Sie nicht nur an "Superfoods" denken. Denken Sie an eine ausgewogene, nährstoffreiche Ernährung. Denken Sie daran: Maßhalten ist das A und O. Zu viel von jedem Lebensmittel, selbst von denen, die als gesund gelten, kann negative Auswirkungen haben.

Vielleicht denken Sie jetzt: "Das ist überwältigend, wo soll ich nur anfangen? Sie sind nicht allein auf diesem Weg. Viele haben diesen Weg schon vor Ihnen beschritten und praktikable und nachhaltige Lösungen gefunden. Im nächsten Abschnitt werden wir konkrete Beispiele und praktische Tipps vorstellen, damit Sie fundierte Entscheidungen treffen und Ihre sexuelle Gesundheit von innen heraus verbessern können.

Ich lade Sie also ein, mit Neugier und Aufgeschlossenheit diese Reise mit uns fortzusetzen. Sie sind dabei, die erstaunliche Kraft der Verbindung zwischen Ihrer Umwelt, Ihrer Ernährung und Ihrem sexuellen Wohlbefinden zu entdecken. Und denken Sie auf Ihrem Weg daran, dass jeder kleine Schritt zählt. Denn schließlich ist Ihre sexuelle Gesundheit ein Ausdruck Ihrer allgemeinen Gesundheit und Ihres Wohlbefindens und verdient es, mit Sorgfalt und Aufmerksamkeit behandelt zu werden.

Lassen Sie uns über konkrete Beispiele sprechen, um das Ausmaß dieses Problems zu veranschaulichen. Stellen Sie sich Clara vor, eine junge Berufstätige, die wie viele andere einen rasanten Lebensstil führt. Ihre Mahlzeiten bestehen aus Schnellgerichten, die voller gesättigter Fette, Zucker und Konservierungsstoffe sind. Darüber hinaus lebt sie in einer Stadt mit hoher Luftverschmutzung und hat nur selten Zeit für Aktivitäten im Freien. Auf den ersten Blick scheinen diese Faktoren nur ihre allgemeine körperliche Gesundheit zu beeinflussen. Aber wenn wir in ihr Intimleben eintauchen, stellen wir einen verminderten Sexualtrieb, Müdigkeit und eine geringere Fähigkeit zu Lust und Orgasmus fest.

Zufall? Das glaube ich nicht. Wie Dr. Jane Bennet in "Awakening the Goddess: Nutrition, Sexuality and Fertility" (1995) erwähnt, gibt es einen direkten Zusammenhang zwischen unserer Ernährung und unserer sexuellen Vitalität. Lebensmittel, die reich an Antioxidantien, Omega-3-Fettsäuren und anderen essenziellen Nährstoffen sind, können die Blutzirkulation steigern und damit die Erektionsfähigkeit und die Empfindlichkeit der Klitoris verbessern.

Wenn Sie sich alte Kulturen ansehen, werden Sie feststellen, dass die Ernährung eher bodenständig und weniger verarbeitet war. In diesen Gesellschaften gab es oft Rituale und Feste, die sich um Fruchtbarkeit und sexuelle Potenz drehten, und viele ihrer "Geheimnisse" waren mit Ernährung und Umwelt verbunden. Denken Sie an Ginseng in der traditionellen chinesischen Medizin oder Maca in der Andenkultur. Beide werden seit jeher verwendet, um Ausdauer und Libido zu steigern.

Natürlich geht es nicht nur darum, diese "Superfoods" in die Ernährung einzubauen und magische Ergebnisse zu erwarten. Es geht um einen umfassenderen Ansatz. Um auf Claras Beispiel zurückzukommen: Wenn Sie sich dazu entschließen, kleine Veränderungen vorzunehmen, z. B. sich für Bio-Lebensmittel zu entscheiden, die Belastung durch Umweltgifte einzuschränken und mehr Zeit im Freien zu verbringen, werden Sie eine Verbesserung Ihres allgemeinen Wohlbefindens feststellen, was sich indirekt auch auf Ihre sexuelle Gesundheit auswirkt.

Aber es gibt noch mehr zu berichten. Die Wahl der Ernährung wirkt sich nicht nur auf Libido und Leistung aus, sondern auch auf die Fruchtbarkeit. Sarah Clarks "The Diet-Fertility Nexus" (2013) geht der Frage nach, wie eine Ernährung mit einem hohen Anteil an verarbeiteten Lebensmitteln und einem geringen Anteil an essenziellen Nährstoffen die Spermienqualität und den Eisprung beeinträchtigen kann.

Vielleicht fragen Sie sich: "Was ist mit den Produkten, die ich jeden Tag benutze? Nun, viele Kosmetik-, Körperpflege- und Reinigungsprodukte enthalten Chemikalien, die als endokrine Disruptoren wirken können. Langfristig können diese Stoffe die Hormongesundheit und damit die sexuelle Gesundheit beeinträchtigen.

Natürlich geht es nicht darum, von heute auf morgen drastische Veränderungen vorzunehmen, sondern darum, jeden Tag bewusste Entscheidungen zu treffen. Denn jede kleine Entscheidung summiert sich. Indem Sie nahrhafte Lebensmittel wählen und die Belastung durch Giftstoffe begrenzen, investieren Sie in Ihre sexuelle Gesundheit und Ihr Wohlbefinden.

Wir sind in tiefen und faszinierenden Gewässern unterwegs. Aber es gibt noch mehr zu entdecken. Folgen Sie mir, und im nächsten Abschnitt werde ich Sie durch eine detailliertere Tour durch diese Beziehung zwischen Umwelt, Ernährung und sexueller Gesundheit führen. Es ist eine Reise, die sich lohnt. Also, atmen Sie tief durch und machen Sie sich bereit, noch tiefer in die Gewässer der sexuellen Weisheit einzutauchen.

Wir wollen uns mit einem Bereich befassen, der schon früher erforscht wurde, aber oft am Rande unseres Bewusstseins liegt: der Zusammenhang zwischen sexueller Gesundheit und Umweltgiften. Auch wenn Sie vielleicht denken, dass Sie weit weg vom Einfluss gefährlicher Chemikalien sind, kann die Realität schockierend sein. In "Toxic Love: How chemicals in our everyday lives affect our sexual health" (2009) zeigt Dr. Samuel Richardson auf, wie Phthalate, Parabene und ähnliche Verbindungen, die in vielen Produkten enthalten sind, die wir täglich benutzen, das Hormonsystem stören und unsere hormonelle Gesundheit und damit auch unsere sexuelle Gesundheit beeinträchtigen können.

Haben Sie schon einmal darüber nachgedacht, was in dem Tiegel Körperlotion steckt, den Sie jeden Tag benutzen, oder in dem Waschmittel, das Sie zum Waschen Ihrer Kleidung verwenden? Die Antwort könnte Sie dazu bringen, Ihre täglichen Entscheidungen zu überdenken. Aber das ist kein Grund zur Panik, sondern eine Gelegenheit, Licht in diese dunklen Bereiche zu bringen und fundiertere Entscheidungen zu treffen.

Es ist noch nicht alles verloren, wir befinden uns vielmehr in einem kollektiven Erwachen. Die Menschen werden sich ihrer Entscheidungen bewusster, und die Nachfrage nach saubereren und sichereren Produkten steigt. Wie Angela Roberts in "Die grüne Revolution in der Kosmetikindustrie" (2017) feststellt, erleben wir einen Wandel hin zu mehr natürlichen und biologischen Produkten. Und das, liebe Leserin, lieber Leser, ist ein Sieg für die sexuelle Gesundheit.

Wir sollten jedoch bedenken, dass Ernährung und Umwelt nicht in einem Vakuum funktionieren. Sie interagieren mit anderen Aspekten unseres Wohlbefindens. In Kapitel 3, "Neurologie der Lust: Die Wissenschaft hinter dem Orgasmus", haben wir gesehen, wie unser Gehirn und unser Nervensystem eine entscheidende Rolle bei unserer sexuellen Reaktion spielen. Die Gesundheit dieses Systems, ja unseres gesamten Körpers, wird durch die Qualität der Lebensmittel, die wir essen, und der Produkte, die wir verwenden, beeinflusst.

Was können wir also tun? Zuallererst sollten wir uns informieren. Sobald wir die Informationen haben, können wir täglich Entscheidungen treffen, die unsere sexuelle Gesundheit fördern. Das bedeutet nicht, dass wir unser Leben von heute auf morgen komplett umkrempeln müssen. Kleine Veränderungen, wie die Wahl eines parabenfreien Shampoos oder die Aufnahme von mehr Bio-Lebensmitteln in unsere Ernährung, können sich langfristig positiv auswirken.

Zusammenfassend lässt sich sagen, dass dieses Kapitel eine Reise war, die von einem grundlegenden Verständnis dafür, wie Umwelt und Ernährung unsere sexuelle Gesundheit beeinflussen, zu einem tieferen Eintauchen in die spezifischen Bereiche führte, die unserer Aufmerksamkeit bedürfen könnten. Aber wie bei jeder Reise ist das Wichtigste nicht das Ziel, sondern das, was wir auf dem Weg dorthin lernen.

Ich hoffe, Sie fühlen sich jetzt besser in der Lage, fundierte Entscheidungen zu treffen, die nicht nur Ihre sexuelle Gesundheit, sondern auch Ihr allgemeines Wohlbefinden verbessern. Und während Sie sich auf das nächste Kapitel vorbereiten, möchte ich Ihnen einen Vorgeschmack geben: Wir werden in die faszinierende Welt der Hormone und ihre Rolle bei der menschlichen Verbindung eintauchen. Denn ist Verbindung nicht das, was wir alle suchen?

Atmen Sie jetzt tief durch, lächeln Sie und machen Sie sich bereit für eine neue Reise im nächsten Kapitel. Ich verspreche, es wird genauso aufschlussreich sein.

Kapitel 12: Die Chemie der Liebe: Hormone und ihre Rolle in der Beziehung

Kennen Sie dieses kribbelnde Gefühl im Bauch, wenn Sie einen besonderen Menschen sehen? Oder diese unerklärliche Ruhe, die Sie nach einer intimen Begegnung umgibt? Diese Momente, in denen Sie sich fühlen, als würden Sie auf einer Wolke schweben? Klingt wie Magie, nicht wahr? Aber was wäre, wenn ich Ihnen sagen würde, dass sich hinter dieser "Magie" ein komplexes Orchester von Hormonen verbirgt, das die Art und Weise bestimmt, wie wir uns fühlen und uns mit anderen verbinden?

Stellen Sie sich nun eine Welt vor, in der Sie dieses Orchester verstehen und jede Note, die es spielt, identifizieren können. Wäre das nicht eine Superkraft für Ihre Beziehungen und Verbindungen? Sie haben Glück, denn in diesem Kapitel tauchen wir in die magische, chemische Welt der Liebe und Verbindung ein. Sind Sie bereit?

Beginnen wir mit den Grundlagen: Warum ist es so wichtig, die Chemie hinter der Liebe zu verstehen? Stellen Sie sich einen Moment lang vor, Sie wären ein Dirigent, wüssten aber nichts über Musik. Wie würden Sie die Musiker dirigieren? Wie würden Sie Harmonie schaffen? In ähnlicher Weise können wir, wenn wir die Hormone und ihre Rolle in unserer Sexualität und unseren Beziehungen verstehen, bessere Dirigenten unseres eigenen emotionalen Orchesters werden.

Liebe ist, wie wir wissen, nicht nur ein Gefühl. Sie ist ein Chemiecocktail. Oxytocin, das so genannte "Liebeshormon", spielt eine Schlüsselrolle bei Bindung und Vertrauen. Aber haben Sie schon einmal darüber nachgedacht, wie sich dies auf unsere Fähigkeit auswirkt, langfristige Beziehungen zu führen? Oder wie Epinephrin dafür sorgt, dass wir in der Anfangsphase einer Beziehung manchmal diese "Schmetterlinge" im Bauch spüren? Vielleicht haben Sie in Kapitel 3, "Neurologie der Lust: Die Wissenschaft hinter dem Orgasmus", erkannt, wie eng Körper und Geist miteinander verwoben sind. Aber in diesem Kapitel werden wir diese Zusammenhänge noch weiter erforschen.

Dr. Julian Casanova argumentiert in seinem Buch Molecular Passions: Love Under the Microscope (2015), dass "wir durch das Verständnis der Hormone nicht nur die Liebe verstehen, sondern auch lernen, sie zu pflegen und zu hegen". Ist es nicht das, wonach wir alle suchen? Eine Formel, um die Liebe lebendig und dynamisch zu halten.

Und nun, liebe Leserin, lieber Leser, stellen Sie sich eine Frage: Wie sähe Ihr Leben aus, wenn Sie diesen chemischen Cocktail erkennen und in Harmonie mit ihm arbeiten könnten, anstatt nur Zuschauer zu sein?

Sie fragen sich vielleicht, ob es in unserer Macht steht, diese Chemie zu kontrollieren? Nicht ganz, aber wenn wir sie verstehen, können wir fundiertere Entscheidungen treffen, besser kommunizieren und unsere Beziehungen stärken.

Bevor wir fortfahren, lassen Sie uns ein kleines Spiel spielen. Denken Sie an Ihren letzten Schwarm oder das letzte Mal, als Sie eine tiefe Verbindung zu jemandem empfunden haben. Stellen Sie sich nun vor, Sie könnten eine Animation all der Hormone und Neurotransmitter sehen, die in Ihrem Gehirn tanzen und interagieren. Wäre das nicht faszinierend? Und während Sie sich in diese Visualisierung vertiefen, denken Sie daran, dass Sie bei diesem chemischen Tanz nicht allein sind. Auf der anderen Seite erlebt dieser besondere Mensch auch sein eigenes Hormonkonzert.

Nun, es ist an der Zeit, über Allgemeinplätze hinauszugehen und in die spannende Welt der Liebeschemie einzutauchen. Machen Sie sich bereit, die Geheimnisse der Hormone und ihre wichtige Rolle in unseren tiefsten Beziehungen zu enträtseln. Denn schließlich ist die Liebe ebenso eine Kunst wie eine Wissenschaft. Und Sie sind dabei, ein Meister auf beiden Gebieten zu werden.

Das chemische Orchester, das sich in unserem Gehirn abspielt, ist faszinierend, aber es sind nicht nur Oxytocin und Epinephrin, die diese Melodie spielen. Es gibt eine Sinfonie von Hormonen, die zusammenarbeiten, um die Erfahrung von Liebe und Verbundenheit zu erzeugen. Jedes Hormon hat seine eigene Rolle, und jedes trägt zu den verschiedenen Phasen der Liebe bei.

Denken Sie an Dopamin, das Hormon, das Ihnen das Gefühl der Euphorie gibt, den Funken der Freude, wenn Sie mit einem besonderen Menschen zusammen sind. Es ist dasselbe Hormon, das ausgelöst wird, wenn Sie Ihre Lieblingsspeise essen oder wenn Sie für eine gut erledigte Arbeit belohnt werden. In seinem Buch "Dopamin: Das Geheimnis des Begehrens" (2008) erklärt Dr. Peter Goldstein, dass dieses Hormon in der Anfangsphase des Verliebtseins von grundlegender Bedeutung ist. Es sorgt dafür, dass wir uns "süchtig" nach Liebe fühlen und immer wieder nach mehr von diesem berauschenden Gefühl suchen.

Was ist mit Serotonin? Sie haben vielleicht schon davon gehört, wenn es um Glück und allgemeines Wohlbefinden geht. Serotonin spielt in der Tat eine Rolle bei der Stimmungsregulierung, und ein niedriger Spiegel dieses Hormons kann zu Gefühlen von Traurigkeit oder sogar Depression führen. Im Zusammenhang mit der Liebe trägt Serotonin jedoch zur Aufrechterhaltung von Ruhe und Stabilität in einer Beziehung bei. Wenn Sie sich bei Ihrem Partner sicher und geborgen fühlen, wenn Sie ihm voll und ganz vertrauen, ist Serotonin im Hintergrund aktiv und trägt zu diesem Gefühl der Sicherheit bei.

Wenn also Dopamin der Funke ist und Serotonin die Ruhe, was hat es dann mit Testosteron auf sich? Dieses starke Hormon, das sowohl bei Männern als auch bei Frauen vorkommt, wenn auch in unterschiedlichen Mengen, spielt eine Rolle bei der sexuellen Anziehung und dem Verlangen. Ohne Testosteron würden wir wahrscheinlich nicht diesen starken Drang verspüren, einen Partner zu suchen. Laut Helena Saxe in "Testosteron: Jenseits des Verlangens" (2011) ist Testosteron die treibende Kraft hinter unserem Bedürfnis, uns körperlich mit anderen zu verbinden.

Mit diesen drei Hormonen, zusammen mit dem bereits erwähnten Oxytocin und Adrenalin, haben wir ein Rezept für Liebe und Bindung. Aber ist Ihnen aufgefallen, dass manche Menschen eine starke Bindung haben können, ohne sich körperlich stark anzuziehen, oder umgekehrt? Das liegt daran, dass das Rezept nicht statisch ist; es variiert von Mensch zu Mensch und von Beziehung zu Beziehung.

Nun eine Frage an Sie, liebe Leserin, lieber Leser: Haben Sie sich schon einmal unglaublich zu jemandem hingezogen gefühlt, aber keine tiefe emotionale Verbindung gespürt, oder umgekehrt? Das ist die Chemie in Aktion, die Ihr emotionales und körperliches Orchester diktiert und steuert.

Es ist klar, dass Liebe viel mehr ist als nur Emotionen; sie ist ein Tanz der Hormone, die alle in perfekter Harmonie (oder manchmal in Zwietracht) arbeiten. Aber was wäre, wenn wir dieses Orchester stimmen und dirigieren könnten, so dass jedes Hormon im perfekten Moment spielt? Während Sie darüber nachdenken, erinnern Sie sich an das, was wir in Kapitel 6 über "Die Entdeckung Ihrer sexuellen Landkarte" erwähnt haben. Wenn Sie Ihren eigenen Körper verstehen, beginnen Sie auch die Musik zu verstehen, die er spielt.

In Zukunft werden wir weiter untersuchen, wie diese Hormone zusammen und auseinander wirken und wie sie sich nicht nur auf unsere romantischen Beziehungen, sondern auf alle unsere menschlichen Beziehungen auswirken. Denn schließlich sind wir soziale Wesen, und die Chemie ist nur eine der Möglichkeiten, mit denen die Natur dafür sorgt, dass wir weiterhin die Gesellschaft anderer suchen. Und wer weiß, vielleicht werden Sie am Ende dieses Kapitels in der Lage sein, Ihr eigenes chemisches Orchester meisterhaft und mit Anmut zu dirigieren.

Bei der Vertiefung dieser chemischen Reise ist es wichtig zu erkennen, dass unsere Erfahrung von Liebe und Verbindung nicht rein biologisch ist. Um jedoch die Rolle der Hormone in unserem Liebesleben zu verdeutlichen, wollen wir uns von einigen Geschichten durch dieses verschlungene Labyrinth führen lassen.

Fangen wir mit Sofia an. Sofia war mit zahlreichen Jungen ausgegangen, aber sie hatte sich nie wirklich mit einem von ihnen verbunden gefühlt. Sie fühlte sich zwar körperlich zu ihnen hingezogen, aber eine emotionale Tiefe schien nicht vorhanden zu sein. Erst als sie Raul, einen Arbeitskollegen, kennenlernte, erlebte sie eine Mischung von Gefühlen, die sie nie zuvor empfunden hatte. Jedes Mal, wenn sie zusammen waren, fühlte sie eine Wärme in ihrer Brust, ein Gefühl der Sicherheit und eine echte Verbindung, die über Worte hinausging. Dies, liebe Leserin, lieber Leser, ist ein klassisches Beispiel für die Kraft des Oxytocins, das oft als "Kuschelhormon" bezeichnet wird. Es ist verantwortlich für diese warmen, kuscheligen Gefühle, die wir mit tiefer Liebe und Verbundenheit verbinden.

Aber, wie Lisa Feldman in ihrem Buch "The Love Puzzle" (2015) erwähnt, "ist Oxytocin nicht nur das Liebeshormon. Es ist auch mit Empathie, Vertrauen und sozialer Dynamik verbunden. Es ist daher nicht verwunderlich, dass Sofia und Raul, die in einem Team zusammenarbeiten, eine starke Verbindung entwickelt haben, die von diesem starken Hormon angetrieben wird".

Auf der anderen Seite haben wir Marco, einen jungen Mann, der sich immer unglaublich zu Frauen mit einer bestimmten Art von Persönlichkeit hingezogen fühlte: stark, dominant und ungehemmt. Wann immer er eine Frau mit diesen Eigenschaften traf, verspürte er einen irrationalen Drang, ihr nahe zu sein, obwohl wir in Bezug auf Hobbys oder Interessen nichts gemeinsam hatten. Dies könnte auf Testosteron zurückzuführen sein und darauf, wie es unser sexuelles Verlangen und unsere Anziehung steuert.

Aber jetzt kommt eine Wendung in der Geschichte: Als Marco beschloss, Yoga und Meditation zu praktizieren, bemerkte er eine allmähliche Veränderung seiner Attraktivität. Er begann, emotionale Verbundenheit und Kompatibilität über rein körperliche Anziehung zu stellen. War dies eine hormonelle Veränderung? Möglich, aber wahrscheinlich spielte auch das Serotonin eine Rolle, das ihn in einen Zustand der Ruhe und Selbstbeobachtung versetzte und seine Prioritäten in der Liebe neu definierte, indem er sich mehr mit seinem Inneren verband.

Stellen Sie sich nun einen Moment lang vor, dass Sie selbst diese Geschichten erleben. Wie würden Sie sich fühlen? Könnten Sie erkennen, welche Hormone in Ihrer persönlichen Symphonie der Liebe spielen? Das ist eine interessante Übung, nicht wahr?

Was also sagen uns diese Geschichten? Dass die Chemie zwar ein grundlegender Bestandteil unserer Interaktionen und Anziehungen ist, aber nicht der einzige Faktor. Die menschliche Erfahrung ist reichhaltig und komplex und kann nicht allein auf Hormone reduziert werden. Wenn wir jedoch ihre Rolle verstehen, können wir wertvolle Einblicke in uns selbst und unsere Beziehungen gewinnen.

Bevor wir fortfahren, möchte ich Sie bitten, sich an Kapitel 8 zu erinnern, in dem wir "Die vergessenen erogenen Zonen" erforscht haben. Wie die Bereiche des Körpers, die oft unbemerkt bleiben, sind auch diese hormonellen Feinheiten Aspekte unserer Sexualität, die es verdienen, verstanden und gewürdigt zu werden. Mit diesem Wissen können wir effektivere Dirigenten unseres persönlichen Orchesters werden und letztendlich reichere und lohnendere Liebeserfahrungen machen.

Und während wir fortfahren, diesen wunderbaren chemischen Tanz zu enträtseln, werden wir an ein Zitat des berühmten Biologen Richard Dawkins in seinem Werk "Das egoistische Gen" (1976) erinnert, in dem er sagt: *"Wir sind Überlebensmaschinen, Automaten, die blind darauf programmiert sind, die egoistischen Moleküle, die als Gene bekannt sind, zu erhalten"*. Diese Perspektive gibt uns einen tieferen Einblick in das Zusammenspiel von Biologie und Chemie, das unsere Entscheidungen und Handlungen beeinflusst, insbesondere im Bereich der Liebe und Anziehung.

Wussten Sie zum Beispiel, dass Prolaktin, ein Hormon, das oft mit dem Stillen in Verbindung gebracht wird, auch eine Rolle bei der Regulierung von Lust und Befriedigung nach dem Orgasmus spielt? Nach Untersuchungen, die in Geraldine Zadkiels "The ABCs of Attraction" (1994) zitiert werden, kann ein erhöhter Prolaktinspiegel in manchen Fällen das Gefühl der Befriedigung nach einem intimen Erlebnis verlängern.

Beim Navigieren durch die komplexen Gewässer unserer Emotionen und Gefühle ist es wichtig, sich daran zu erinnern, dass wir nicht unseren Hormonen ausgeliefert sind. Obwohl diese Chemikalien unsere Reaktionen und Entscheidungen beeinflussen, sind wir Wesen mit einem freien Willen und der Fähigkeit, bewusste Entscheidungen über unser Handeln zu treffen.

Was ist mit Pheromonen, jenen geheimnisvollen Molekülen, die angeblich unsere Anziehungskraft auf andere beeinflussen? Während einige Studien darauf hindeuten, dass Pheromone eine Rolle bei der menschlichen Anziehung spielen, argumentieren andere, dass ihr Einfluss minimal ist. Wie Emily Cross in Smells of Desire (2001) darlegt, sind

Pheromone nur ein Teil des Puzzles im komplexen Spiel von Liebe und Anziehung.

Sie haben in diesem Kapitel einen weiten Weg zurückgelegt, und Sie werden wahrscheinlich eine Mischung aus Ehrfurcht und Anerkennung für die chemische Maschinerie in Ihrem Inneren empfinden. Wir haben Hormone wie Oxytocin, Testosteron, Serotonin und Prolaktin erforscht, die alle zusammenarbeiten, um unsere Entscheidungen, Handlungen und Gefühle im Bereich der Liebe und Verbindung zu beeinflussen.

Kurz gesagt, unsere Hormone spielen zwar eine wichtige Rolle dabei, wie wir Liebe und Anziehung erleben, aber wir sind viel mehr als die Summe unserer chemischen Bestandteile. Wir sind komplexe Wesen, die fähig sind, zu lieben, zu fühlen und bewusste Entscheidungen zu treffen. Ich möchte Sie ermutigen, sich diese Komplexität zu eigen zu machen und die wunderbare und geheimnisvolle Art und Weise zu feiern, in der unser Körper und unser Geist zusammenarbeiten, um unsere menschlichen Erfahrungen zu machen.

Bereit für mehr? Im nächsten Kapitel beschäftigen wir uns mit modernen sexuellen Mythen und wie man sie aus der Welt schafft. Machen Sie sich bereit, Ihr Wissen zu hinterfragen und Ihren Geist für neue Möglichkeiten zu öffnen. Denn schließlich liegt die wahre Magie im ständigen Lernen und Wachsen. Bis zum nächsten Mal!

Kapitel 13: Moderne Sexualmythen und wie man sie aus der Welt schafft

Haben Sie jemals darüber nachgedacht, welche Vorstellungen Sie im Laufe Ihres Lebens über Sex erworben haben? Überzeugungen, die wahrscheinlich in Ihren Geist eingedrungen sind, ohne dass Sie sich ihrer Herkunft bewusst sind. Diese oft heimtückischen Mythen werden zu der leisen Stimme, die uns vorschreibt, wie wir fühlen, handeln oder über unsere Intimität denken sollen. Aber was wäre, wenn ich Ihnen sagen würde, dass viele dieser Glaubenssätze keine Grundlage in der Realität haben?

Aber warum ist es so wichtig, mit diesen Mythen aufzuräumen? Die Antwort ist einfach: Weil sie unsere Fähigkeit, unsere Sexualität voll zu genießen, unser emotionales Wohlbefinden und die Qualität unserer Beziehungen beeinträchtigen können. Außerdem schüren sie Scham und Angst, zwei Gefühle, die, wie wir in Kapitel 10 gesehen haben, in einer gesunden und erfüllten Sexualität nichts zu suchen haben.

Lassen Sie uns gemeinsam ein Gedankenexperiment machen - sind Sie dazu bereit? Denken Sie an ein oder zwei sexuelle Mythen, die Sie gehört haben oder an die Sie glauben. Bereit? Denken Sie jetzt darüber nach, wie diese Mythen Ihr Sexual- und Gefühlsleben beeinflusst haben. Interessant, nicht wahr? In diesem Kapitel werden wir einige der häufigsten sexuellen Mythen untersuchen, und ich werde Ihnen Werkzeuge an die Hand geben, um sie ein für alle Mal aus Ihrem Leben zu verbannen.

Der britische Humorist und Schriftsteller P.G. Wodehouse sagte einmal: *"Der größte Mythos der modernen Welt ist, dass die Wahrheit durch 24 Stunden Kabelnachrichten enthüllt werden kann."* Er bezog sich zwar auf die Nachrichtenkultur, aber dieses Zitat ist erstaunlich gut auf die Welt der Sexualität anwendbar. In einer Zeit, in der wir von Modezeitschriften bis hin zu den sozialen Medien mit Informationen überflutet werden, kann man sich leicht in einem Meer von Fehlinformationen verirren. Deshalb sind Aufklärung und Unterscheidungsvermögen wichtiger denn je.

Erinnern Sie sich zum Beispiel an Kapitel 4, in dem wir über Schönheitsnormen gesprochen haben? Darin haben wir untersucht, wie uns bestimmte Normen auferlegt wurden, die unsere Wahrnehmung und unser Selbstwertgefühl beeinträchtigen. Stellen Sie sich nun vor, Sie kombinieren diese Normen mit sexuellen Mythen. Eine explosive Kombination, nicht wahr?

Die gute Nachricht ist, dass Sie auf diesem Weg nicht allein sind. Gemeinsam werden wir diese Mythen hinterfragen und Wege finden, uns aus ihrem Griff zu befreien. Ich verspreche Ihnen, dass Sie am Ende dieses Kapitels eine klarere und befreitere Sicht der Sexualität haben werden und sich befähigt fühlen werden, Ihre authentische sexuelle Anatomie zu umarmen und zu feiern.

Zum Schluss noch eine kleine Provokation: Was wäre, wenn ich Ihnen sagen würde, dass einige dieser Mythen Tausende von Jahren alt sind? Keine Sorge, wir werden ihre Ursprünge enträtseln und herausfinden, warum wir, obwohl wir in einem modernen, informierten Zeitalter leben, immer noch an ihnen festhalten. Machen Sie sich bereit für eine augenöffnende Reise.

Und wussten Sie schon, dass einige Mythen über Sexualität auf wissenschaftlichen Studien beruhen, die falsch interpretiert oder aus dem Zusammenhang gerissen wurden? Im nächsten Abschnitt werden wir uns damit befassen, wie Wissenschaft, Kultur und Geschichte miteinander verwoben sind, um Mythen zu schaffen, die sich über die Zeit halten. Wenn Sie also bereit sind, die Wahrheit hinter den Mythen zu enträtseln, lade ich Sie ein, weiterzumachen. Denn schließlich liegt die wahre Weisheit darin, zu hinterfragen, was wir zu wissen glauben. Sind Sie bereit für die Herausforderung?

Wenn man sich mit der Komplexität der Sexualmythen beschäftigt, kommt man nicht umhin, darüber zu sprechen, wie die Wissenschaft zuweilen falsch interpretiert oder dargestellt wurde. Man sollte meinen, dass in unserem Zeitalter der technologischen und wissenschaftlichen Aufklärung diese Mythen verschwunden wären. Doch paradoxerweise sind es manchmal gerade die Quellen des Wissens, die ihnen Leben einhauchen.

Nehmen wir zum Beispiel den weit verbreiteten Mythos, dass "die Größe eine Rolle spielt". In den 1960er Jahren ging Dr. Alfred Kinsey, ein Pionier der Sexualforschung, davon aus, dass die durchschnittliche Länge eines erigierten Penis etwa 15,77 cm (6,21 Zoll) beträgt. Seine Studie war und ist eine der umfassendsten Untersuchungen des menschlichen Sexualverhaltens. Was viele jedoch nicht wissen, ist, dass Kinseys Methode der Datenerhebung viele Mängel aufwies, wie z. B. die Tatsache, dass die Selbstselektion der Teilnehmer die Ergebnisse beeinflusst haben könnte. In seinem Buch

"Sexual Behavior in the Human Male" (1948) räumte Kinsey einige dieser Unzulänglichkeiten ein.

Die Frage ist: Warum hält sich dieser Mythos hartnäckig? Zum Teil liegt es daran, dass wir in einer Gesellschaft leben, in der Zahlen und Statistiken großes Gewicht haben. Eine einfache Aussage, die aus dem Zusammenhang gerissen wird, kann als unwiderlegbare Tatsache akzeptiert werden. Und hierin liegt die Macht und die Gefahr von Informationen.

Ein weiterer Mythos ist der Glaube, dass "Frauen ihren sexuellen Höhepunkt mit 30 und Männer mit 18 erreichen". Dieses Konzept wurde 1969 von Dr. David Reuben in seinem Buch "Everything You Always Wanted to Know About Sex* (*But Were Afraid to Ask)" populär gemacht. Es stimmt zwar, dass Hormone bei der Libido eine Rolle spielen, aber Sexualität und Begehren auf eine einfache biochemische Angelegenheit zu reduzieren, würde die reiche Palette menschlicher Erfahrungen stark vereinfachen. Außerdem haben, wie wir in Kapitel 11 gesehen haben, auch Ernährung und Umwelt einen großen Einfluss auf unsere sexuelle Gesundheit.

Und was ist mit dem Mythos, dass "Männer alle sieben Sekunden an Sex denken"? Eine ziemlich gewagte Aussage, finden Sie nicht auch? Dieser Glaube ist jedoch weit verbreitet. Es stimmt zwar, dass Männer häufiger an Sex denken als Frauen, aber laut dem "Journal of Sex Research" (2011) ist diese Häufigkeit viel geringer, als der Mythos vermuten lässt.

Erkennen Sie hier das Muster? Eine einfache Aussage, eine Studie oder eine Beobachtung kann übernommen, verzerrt und als Tatsache akzeptiert werden. Und als menschliche Wesen neigen wir dazu, nach Mustern zu suchen und das zu glauben, was unsere bestehenden Vorurteile bestätigt. Der Psychologe Daniel Kahneman erörtert in seinem Werk "Thinking, fast and slow" (2011), wie unser Verstand darauf programmiert ist, Informationen schnell zu akzeptieren und darauf zu reagieren, ohne sie zu hinterfragen.

Wie können wir uns also in diesem Meer von Fehlinformationen zurechtfinden und die Wahrheit von der Fiktion unterscheiden? Die Antwort liegt in der ständigen Weiterbildung, der Selbstreflexion und vor allem im ständigen Hinterfragen dessen, was wir zu wissen glauben. Indem wir diese Mythen hinterfragen, befreien wir nicht nur unseren Geist, sondern auch unsere Fähigkeit, eine volle und authentische Sexualität zu genießen.

Aber keine Sorge, Sie sind nicht allein auf der Suche nach der Wahrheit. Gemeinsam, mit Hilfe der Forschung und der Weisheit von Experten auf diesem Gebiet, werden wir diese Mythen einen nach dem anderen entlarven. Wenn Sie also bereit sind, weiter zu hinterfragen und zu lernen, lade ich Sie ein, sich mir auf dieser augenöffnenden Reise anzuschließen. Und denken Sie daran: Wahre Weisheit besteht nicht aus Wissen, sondern aus Hinterfragen. Werden Sie sich uns anschließen?

Wenn wir tiefer in dieses Labyrinth der Mythen eintauchen, ist es wichtig, dass wir einige konkrete Beispiele diskutieren, um wirklich zu verstehen, wie solche Konzepte in unserer kollektiven Psyche Wurzeln geschlagen und unsere sexuellen Einstellungen und Verhaltensweisen beeinflusst haben.

So hält sich zum Beispiel hartnäckig der Mythos, dass "Frauen nicht so viel Spaß am Sex haben wie Männer". Dieser Glaube, der in patriarchalischen Gesellschaften weit verbreitet ist, hat seine Wurzeln in der antiken Geschichte. Selbst in klassischen Texten wurden Frauen oft als passiv beim Sexualakt dargestellt. Virginia Johnson und William Masters stellten diesen Mythos jedoch in ihrer bahnbrechenden Studie "Human Sexual Response" (1966) in Frage. Ihre Forschungen zeigten, dass Frauen in der Tat ebenso vielfältige und starke sexuelle Reaktionen haben wie Männer. Darüber hinaus war ihre Fähigkeit, multiple Orgasmen zu erleben, eine paradigmenverändernde Offenbarung. Natürlich variieren die individuellen Reaktionen, aber zu sagen, dass alle Frauen auf eine bestimmte Weise empfinden, ist falsch.

Betrachten wir ein anderes Beispiel: "Sex ab einem bestimmten Alter ist nicht mehr befriedigend oder gar möglich". Diese Vorstellung hat ihre Wurzeln in unserer kulturellen Abneigung gegen das Altern und in der Vorstellung, dass Jugend gleichbedeutend mit Schönheit und Vitalität ist. In Kapitel 16 werden wir uns jedoch eingehender mit der Sexualität im Alter befassen und sehen, dass mit der richtigen Einstellung und Herangehensweise Sex in den goldenen Jahren genauso, wenn nicht sogar noch mehr, lohnend sein kann.

Ein weiterer weit verbreiteter Mythos lautet: "Wer nicht eifersüchtig ist, ist nicht wirklich verliebt". Eifersucht wird in vielen Kulturen als Zeichen wahrer und tiefer Liebe romantisiert. Esther Perel argumentiert jedoch in ihrem Buch "The State of Affairs" (2017), dass Eifersucht oft aus Unsicherheit resultiert und nicht als Gradmesser für Liebe angesehen werden sollte. Vertrauen, gegenseitiger Respekt und Kommunikation sind viel stärkere Indikatoren für eine gesunde Liebesbeziehung.

Diese und die oben genannten Beispiele machen deutlich, wie wichtig es ist, das, was uns gelehrt wurde und was wir zu wissen glauben, ständig zu hinterfragen. Denn wie Carl Sagan sagte: "Das Fehlen von Beweisen ist kein Beweis für das Fehlen von Beweisen". Auf unserer Suche nach einer authentischen und lohnenden Sexualität ist es wichtig, dass wir weiterhin Fragen stellen, nach Antworten suchen und vor allem offen für Veränderungen bleiben.

Wenn wir nun über diese Mythen nachdenken, denken Sie an Ihr eigenes Leben. Wie oft haben Sie aufgrund von Überzeugungen gehandelt, gedacht oder gefühlt, die Sie nie in Frage gestellt haben? Wie oft haben Sie sich von diesen Vorstellungen einschränken oder definieren lassen? Natürlich sind wir nicht hier, um mit dem Finger zu zeigen oder Schuld zuzuweisen, sondern um aufzuklären, zu erziehen und zu befreien. Denn letzten Endes haben wir es alle verdient, ein erfülltes und bereicherndes Sexualleben zu führen, ohne dass uns unbegründete Mythen im Weg stehen. Wenn Sie also bereit sind, mehr darüber zu erfahren, tauchen Sie mit mir in den nächsten Abschnitt ein, in dem wir weiterhin die Wahrheit aus der Fiktion destillieren werden.

Da wir uns dem Ende dieser faszinierenden Reise in die Welt der sexuellen Mythen nähern, sollte Ihnen eines klar sein: Entmystifizierung ist kein Akt der Zerstörung, sondern ein Akt der Schöpfung. Wir schaffen einen Raum, in dem die Wahrheit leuchten kann, einen Raum, in dem die Selbstentdeckung gedeihen kann.

Einer der tiefgreifendsten und schädlichsten Mythen ist, dass "wahre Liebe alle Hindernisse überwindet". Dieser Mythos klingt zwar romantisch und wurde in zahllosen Filmen und Romanen fortgeschrieben, doch die Realität ist komplexer. Liebe allein ist nicht genug. Laut Dr. John Gottman in seinem Buch "The Seven Principles for Making Marriage Work" (1999) beruhen erfolgreiche Beziehungen auf Freundschaft, gegenseitigem Wissen, Respekt und Bewunderung. Es ist nicht nur Liebe, sondern auch Kommunikation, Engagement und Teamarbeit, die eine starke Beziehung ausmachen.

Vielleicht fragen Sie sich jetzt: "Welche anderen Mythen habe ich unhinterfragt akzeptiert? Dies ist eine der wichtigsten Fragen, die Sie sich stellen können. Indem Sie Ihre Überzeugungen in Frage stellen, übernehmen Sie die Kontrolle über Ihr Narrativ, Ihre Geschichte. Das ist ein mutiger Akt und notwendig für ein authentisches Leben.

Ein weiterer populärer Mythos ist, dass "Monogamie unnatürlich ist". Obwohl viele argumentieren, dass der Mensch aus evolutionärer Sicht nicht für die Monogamie geschaffen ist, argumentiert Helen Fisher in "Anatomie der Liebe" (1992), dass die Monogamie tief in der Evolution verwurzelt ist und bei mehreren Arten, einschließlich des Menschen, beobachtet werden kann. Es ist wichtig zu verstehen, dass Monogamie, wie jede andere Beziehungsentscheidung, persönlich ist und von Mensch zu Mensch variiert. Es gibt keinen "richtigen" oder "falschen" Ansatz, sondern nur das, was für Sie richtig ist.

Im Grunde genommen ist es von entscheidender Bedeutung, dass wir uns weiterbilden und uns mit Wissen ausstatten. Wie Nelson Mandela sagte: "Bildung ist die mächtigste Waffe, die man einsetzen kann, um die Welt zu verändern". Und in diesem Zusammenhang bezieht sich "die Welt" auf Ihre Überzeugungen, Ihr Verhalten und letztlich auch auf Ihr Sexualleben.

Was ist also die Moral von der Geschicht? Um ein erfülltes, authentisches und bereicherndes Sexualleben zu führen, müssen wir bereit sein, zu hinterfragen, zu lernen und zu wachsen. Die Mythen, die wir in diesem Kapitel erforscht haben, sind nur die Spitze des Eisbergs. Es gibt unzählige weitere Mythen und Missverständnisse, die darauf warten, ausgeräumt zu werden.

Wenn Sie über dieses Kapitel nachdenken, fordere ich Sie auf, tiefer einzutauchen, weiter zu suchen und zu hinterfragen. Und wenn Sie das tun, denken Sie immer daran, dass Sie Vergnügen, Liebe und Verbindung zu Ihren eigenen Bedingungen verdienen, unbelastet von überholten Mythen und gesellschaftlichen Erwartungen. Machen Sie sich bereit für das nächste Kapitel, in dem wir die aufregende Welt der Intimitätsspiele und -praktiken erkunden werden. Ich verspreche, dass es ein Abenteuer sein wird, das Sie nicht verpassen wollen.

Kapitel 14: Spiele und Praktiken: Innovation in der Intimität

Vielleicht kennen Sie das Gefühl, wenn Sie zum ersten Mal durch eine Stadt gehen und alles neu und aufregend erscheint. Aber was passiert, wenn Sie dieselbe Stadt immer wieder besuchen? Die anfängliche Aufregung kann nachlassen, und Sie müssen vielleicht ein neues Café, einen neuen Park oder ein neues Museum besuchen, um das Gefühl des Abenteuers wieder aufleben zu lassen. In gleicher Weise braucht auch unsere Intimsphäre, die Stadt, die wir so gerne besuchen, Innovation und Erneuerung, um den Funken am Leben zu erhalten.

Stellen Sie sich einen Moment lang ein Sexualleben vor, in dem jede Begegnung wie die erste Erkundung einer aufregenden Stadt ist. Stellen Sie sich ein Sexualleben vor, in dem Neugierde und Verspieltheit nicht nur willkommen sind, sondern den Hauptpfeiler bilden. Scheint das unerreichbar zu sein? Vielleicht sagen Sie sich: "Das gibt's nur im Kino" oder "Das empfinden nur junge Leute". Wenn Ihnen einer dieser Gedanken in den Sinn kommt, ist es an der Zeit, diese Vorurteile hinter sich zu lassen und sich für ein neues Universum von Möglichkeiten zu öffnen.

Warum ist es also **wichtig, in der Intimität innovativ zu sein?** Aus der Forschung wissen wir, dass sexuelles Verlangen nicht statisch ist, sondern sich mit der Zeit entwickelt und verändert. Die Aufrechterhaltung eines aktiven und gesunden Sexuallebens ist für unsere geistige und körperliche Gesundheit unerlässlich. Und hier spielt die Neuheit eine entscheidende Rolle. Helen Fisher erwähnt in ihrem viel beachteten Buch "Anatomie der Liebe" (1992), wie Neuartigkeit die Leidenschaft und das Interesse von Paaren langfristig wiederbeleben kann.

Haben Sie schon einmal darüber nachgedacht, neue Spiele und Praktiken in Ihr Intimleben einzubauen? Wenn nicht, finden Sie die Idee vielleicht ein wenig einschüchternd. Als Gesellschaft neigen wir dazu, eine begrenzte Vorstellung davon zu haben, was "normal" ist, wenn es um Sexualität geht. Aber wer definiert, was "normal" ist? Die Antwort lautet natürlich: Sie selbst. Und damit meine ich nicht die Normen, die die Gesellschaft auferlegt hat, sondern das, was Sie wirklich fühlen und wünschen.

Wie können wir also **diese Reise in Richtung Innovation in der Intimität beginnen?** Zunächst ist es wichtig, dass Sie bereit sind, zu lernen und zu erforschen. Wie in *Kapitel 6*, in dem es darum ging, wie wichtig es ist, seinen Körper zu kennen, geht es auch hier darum, seine Wünsche und Fantasien zu kennen.

Kommunikation ist ein weiteres wichtiges Instrument. Wie in *Kapitel 7 beschrieben*, kann erotische Kommunikation eine gute Möglichkeit sein, neue Ideen mit Ihrem Partner zu teilen und zu erforschen. Dabei geht es nicht nur darum, darüber zu sprechen, was man will, sondern auch darum, zuzuhören und gehört zu werden.

Und nun noch eine humorvolle Bemerkung: Wussten Sie, dass Pinguine ihren Partnern als Zeichen der Zuneigung Steine anbieten? Nun, ich will damit nicht sagen, dass Sie Ihrem Partner einen Stein anbieten sollen (es sei denn, das macht Sie an), aber die Lektion hier ist, dass Verspieltheit und Kreativität keine Grenzen kennen.

Bevor wir diese Reise fortsetzen, möchte ich Ihnen eine Frage mit auf den Weg geben: **Was ist es, das Sie in Ihrem Sexualleben wirklich erleben möchten?** Überstürzen Sie Ihre Antwort nicht. Nehmen Sie sich Zeit, und wenn Sie bereit sind, machen wir weiter.

Der Akt der Erneuerung der Intimität ist kein neues Konzept. Im Laufe der Geschichte haben Kulturen auf der ganzen Welt Wege gefunden, ihr Sexualleben durch Rituale, Praktiken und Spiele neu zu erfinden. Sexualität ist nicht nur ein Mittel zur Erforschung neuer Empfindungen, sondern auch ein Fenster zu einem tieferen Verständnis von sich selbst und anderen. Die alten Griechen zum Beispiel sahen in der Sexualität eine Möglichkeit, mit den Göttern in Verbindung zu treten, und suchten ständig nach Möglichkeiten, ihre erotische Erfahrung zu steigern.

Aber was sagen die heutigen Experten über die Bedeutung von Innovationen in der Intimität? Alfred Kinsey betont in seinem bahnbrechenden Werk "Sexual Behavior in the Human Male" (1948), dass die Vielfalt des sexuellen Ausdrucks eher die Norm als die Ausnahme ist. Variabilität ist ein fester Bestandteil unserer menschlichen Natur. Andererseits zeigt uns Esther Perel in ihrem Buch "Mating in Captivity" (2006), dass das Verlangen in langfristigen Beziehungen durch die Einführung von Elementen der Neuheit und Überraschung neu entfacht werden kann.

Und genau darin liegt der Zauber von intimen Spielen und Praktiken. Sie ermöglichen es, die Beziehung zu erneuern, die Routine zu durchbrechen und sichere Räume zu schaffen, um

neue Dimensionen der Lust und der Verbindung zu
erkunden.

Wie können wir also **diese Elemente in unser Intimleben
einbeziehen?** Die erste goldene Regel lautet: Seien Sie
aufgeschlossen. So wie man ein Buch nicht nach seinem
Einband beurteilt, sollte man die Kraft einer neuen Praxis
nicht unterschätzen, nur weil sie anders klingt. Es ist jedoch
wichtig, dass Sie sich gut informieren und stets das
Einverständnis und das Wohlbefinden aller Beteiligten
sicherstellen.

Ein Beispiel ist die Fesselung, eine Praxis, die in den letzten
Jahren in der westlichen Kultur an Popularität gewonnen hat.
Im Gegensatz zu bestimmten Stigmata ist Bondage nicht
einfach eine Praxis der Beherrschung. Für viele Menschen ist
es ein tiefgreifender Akt des Vertrauens und der Hingabe.
Bevor Sie es ausprobieren, sollten Sie sich vergewissern, dass
Sie es in einer sicheren Umgebung tun und immer klare
Grenzen mit Ihrem Partner festlegen.

Eine weitere Möglichkeit der Innovation ist das Rollenspiel.
Hier sind der Fantasie keine Grenzen gesetzt. Von
alltäglichen Szenarien wie "der Lehrer und der Schüler" bis
hin zu ausgefeilteren Szenarien, die auf Ihren Lieblingsfilmen
oder -büchern basieren, können Sie mit Rollenspielen
verschiedene Facetten Ihrer Persönlichkeit in einer sicheren
und einvernehmlichen Umgebung erkunden. Diese Übung
ermöglicht es Ihnen, verschiedene Facetten Ihrer
Persönlichkeit in einer sicheren und einvernehmlichen
Umgebung zu erkunden.

Haben Sie schon einmal darüber nachgedacht, Sexspielzeug in Ihr Intimleben einzubeziehen? Diese Instrumente dienen nicht nur dazu, das Vergnügen zu steigern, sondern sie können auch hervorragende Hilfsmittel sein, um Ihren Körper und den Ihres Partners zu erkunden und besser zu verstehen. In *Kapitel 6 haben* wir besprochen, wie wichtig es ist, unseren Körper zu kennen; Sexspielzeug kann eine praktische Erweiterung dieses Wissens sein.

Denken Sie daran, dass das Ziel darin besteht, den Horizont der Möglichkeiten zu erweitern. Jede Person und jedes Paar ist einzigartig, und was für die einen funktioniert, muss für die anderen nicht funktionieren. Das Wichtigste ist, dass Sie sich wohl und sicher fühlen und natürlich Spaß haben!

Letztendlich muss jede Praxis oder jedes Spiel, das Sie einführen wollen, einvernehmlich, sicher und auf gegenseitigem Respekt beruhen. Und wenn Sie sich auf diese Reise der Innovation begeben, denken Sie immer daran, den Prozess und das Lernen, das damit einhergeht, zu genießen. Denn schließlich geht es bei der Intimität genauso sehr um das Ziel wie um die Reise selbst.

Es ist eine Reise, auf der wir jedes Mal, wenn wir uns auf den Weg machen, etwas Neues über uns und unsere Partner entdecken.

Eines der weniger erforschten, aber ebenso faszinierenden Elemente der Innovation in der Intimität ist die Beziehung zwischen Raum und sexueller Erfahrung. Michel Foucault weist in seiner "Geschichte der Sexualität" (1976) darauf hin, dass die Räume, die wir bewohnen, ob physisch, emotional oder mental, einen tiefgreifenden Einfluss auf unser sexuelles Erleben haben. Denken Sie einmal darüber nach: Wenn wir den Raum wechseln, in dem wir normalerweise intim sind, sei es das Wohnzimmer, die Küche oder sogar der Außenbereich, kann dies unsere Erfahrung tiefgreifend verändern.

Spiele und Praktiken sind jedoch nicht auf den körperlichen Bereich beschränkt. Denken Sie zum Beispiel an das erotische Schreiben, bei dem ein oder beide Partner ihre Fantasien aufschreiben, um sie mit dem anderen zu teilen. Der einfache Akt, Worte zu Papier zu bringen und sie dann zu teilen, kann eine unglaublich befreiende Erfahrung sein. Diese Praxis ermöglicht nicht nur ein tieferes Erforschen der eigenen Fantasien, sondern schafft auch einen Raum für Kommunikation und Verletzlichkeit mit dem Partner.

Was aber, wenn wir die Innovation auf die Technologie übertragen? In *Kapitel 18 werden wir uns* eingehend mit der Beziehung zwischen Technologie und Sexualität befassen, aber es ist wichtig, hier die Revolution zu erwähnen, die Apps und Gadgets im Bereich der intimen Innovation auslösen. Von Apps, die es Ihnen ermöglichen, Sexspielzeug aus der Ferne zu steuern, bis hin zu virtueller Realität, die Sie in erotische Szenarien eintauchen lässt - die Technologie definiert neu, wie wir Lust verstehen und erleben.

Aber wenn es eine grundlegende Wahrheit über Innovationen im Bereich der Intimität gibt, dann ist es diese: Der Wandel ist konstant. Wir befinden uns in einer Ära der rasanten Entwicklung, was das Verständnis und die Erfahrung unserer Sexualität angeht. Was vor einem Jahrzehnt noch ein Tabu war, wird heute gefeiert, und was heute alltäglich ist, kann morgen schon uralt sein.

Kurz gesagt, dieses Kapitel war ein Eintauchen in die Welt der intimen Innovation. Wir haben uralte Spiele und Praktiken bis hin zu den modernsten Trends erforscht und dabei stets die Bedeutung von Kommunikation, Zustimmung und Selbsterkenntnis hervorgehoben.

Da Sie nun Ihren Horizont erweitert haben und vielleicht etwas gefunden haben, das Sie fasziniert oder inspiriert, möchte ich Sie ermutigen, weiterzumachen. **Das nächste Kapitel**, das verspreche ich, ist noch aufschlussreicher. Wir werden uns mit der heilenden Kraft des achtsamen Sex befassen, einer Praxis, die uralte spirituelle Weisheit mit moderner Wissenschaft verbindet, um nicht nur Ihr Sexualleben, sondern auch Ihre Beziehung zu sich selbst und zu anderen zu verändern. Sind Sie bereit, sich auf diese Reise zu begeben? Denn ich versichere Ihnen, dass Sie sie nicht verpassen wollen.

Kapitel 15: Die heilende Kraft des bewussten Sex

Haben Sie schon einmal ein tiefes Gefühl der Verbundenheit und des Wohlbefindens nach einem intimen Moment verspürt? Haben Sie bemerkt, wie in diesen Momenten Ihr ganzes Wesen im perfekten Einklang mit dem Universum zu schwingen scheint? Wenn Sie das jemals gefühlt haben, oder wenn Sie auf der Suche nach dieser Verbindung sind, sind Sie hier genau richtig.

Intimität ist nicht nur ein körperlicher Akt. Sie ist ein Tanz zwischen Körper, Geist und Seele. Und wenn sie bewusst ausgeübt wird, kann sie heilende Wirkung haben, nicht nur für den Körper, sondern auch für den Geist. Hier, in diesem Kapitel, werden wir das Geheimnis hinter dieser kühnen Behauptung lüften. Lehnen Sie sich also zurück, entspannen Sie sich und machen Sie sich bereit für eine Reise in ein tieferes Verständnis der Heilkraft von bewusstem Sex.

Aber was genau ist achtsamer Sex? Einfach ausgedrückt, ist es der Akt, während der Intimität ganz präsent zu sein. Es geht nicht nur um das Körperliche, sondern auch um eine tiefe Verbindung mit Ihrem Partner auf emotionaler und spiritueller Ebene. Ist Ihnen schon einmal aufgefallen, dass Ihre Gedanken in diesen Momenten manchmal abschweifen? Oder dass Sie sich über tausend Dinge Gedanken machen, anstatt sich auf das Hier und Jetzt zu konzentrieren? Achtsamer Sex lädt Sie dazu ein, diese Ablenkungen loszulassen und sich ganz auf die Erfahrung einzulassen.

Warum ist das so wichtig? Nun, wie wir in *Kapitel 7* über erotische Kommunikation erwähnt haben, kann die Präsenz in unseren Beziehungen das Verständnis verbessern und die Bindung zwischen den Partnern stärken. Aber bewusster Sex geht darüber hinaus. Er bietet einen Weg zur emotionalen Heilung, zum Stressabbau und zur Revitalisierung des Geistes.

Nehmen wir zum Beispiel die Meditation. Seit Jahrhunderten nutzen verschiedene Kulturen die Meditation als Mittel, um sich mit dem inneren Selbst und dem Universum zu verbinden. Meditation fördert die Achtsamkeit, eine Technik, die uns lehrt, im gegenwärtigen Moment präsent zu sein. Stellen Sie sich nun vor, diese Achtsamkeit mit dem intimsten Akt zwischen zwei Menschen zu verbinden. Das Ergebnis ist eine Reise der Selbstentdeckung, Verbindung und Heilung.

Haben Sie sich schon einmal gefragt, warum Sie nach einem wirklich intimen Moment ein Gefühl der Entspannung, der Klarheit oder sogar der Verjüngung verspüren? Das ist kein Zufall. Es ist die heilende Kraft des bewussten Sex in Aktion.

Es ist jedoch nicht leicht, sich mit diesem Thema auseinanderzusetzen. Wir leben in einer Gesellschaft, die die Sexualität oft in den Schatten stellt und sie mit Tabus und Scham belegt. Aber was wäre, wenn ich Ihnen sagen würde, dass Sie diese Hindernisse überwinden können, dass Sie lernen können, Sexualität nicht nur als Akt zu sehen, sondern als ein mächtiges Werkzeug für Wachstum und Heilung?

Denn, wie der bekannte Psychologe Carl Jung (1938) in "Psychologie und Alchemie" schreibt: "Das Zusammentreffen zweier Persönlichkeiten ist wie der Kontakt zweier

Chemikalien: Wenn es zu einer Reaktion kommt, werden beide transformiert". Diese Verwandlung ist das, was wir mit bewusstem Sex anstreben.

Zum Abschluss dieser Einführung möchte ich Sie bitten, sich selbst eine tiefgründige Frage zu stellen: Sind Sie bereit, sich auf diese Reise der Entdeckung und Heilung einzulassen? Wenn Ihre Antwort ja lautet, dann verspreche ich Ihnen, dass dieses Kapitel eine der augenöffnendsten Erfahrungen Ihres Lebens sein wird.

Also, ohne weiteres, tauchen Sie ein in diese Reise in die heilende Kraft des achtsamen Sex. Denn, glauben Sie mir, das ist erst der Anfang.

Und während wir weitergehen, lade ich Sie ein, für einen Moment die Augen zu schließen, tief einzuatmen und sich an einen Moment tiefer Verbundenheit mit Ihrem Partner zu erinnern, an den Moment, in dem Sie jede Berührung, jeden Blick und jeden Seufzer gespürt haben. Stellen Sie sich nun vor, dass jede intime Interaktion so kraftvoll, so transformativ sein könnte. Das, liebe Leserin, lieber Leser, ist die Kraft des bewussten Sex.

Mehrere Experten haben sich mit der Verbindung zwischen Geist und Körper beim intimen Akt befasst. Erich Fromm hat in seinem Buch "Die Kunst des Liebens" (1956) darauf hingewiesen, dass Liebe nicht nur ein Gefühl ist, sondern ein Willensakt, eine bewusste Entscheidung und Praxis. Diese Sichtweise entspricht der des bewussten Sexes. Es ist eine bewusste Entscheidung, präsent zu sein, sich zu verbinden und tief zu erleben.

Wie können wir von einer Tätigkeit, die oft automatisch und manchmal sogar übereilt abläuft, zu einer Tätigkeit übergehen, die vollständig, bewusst und sinnvoll ist?

Beginnen Sie damit, zu verstehen, dass der Akt der Intimität nicht nur eine körperliche Handlung ist. Er ist eine Kombination aus Gefühlen, Empfindungen, Erinnerungen und Erwartungen. Wenn wir uns dieser Faktoren bewusst werden, können wir beginnen, sie zu steuern und unsere Energie effektiver zu lenken.

Hinzu kommt, dass die moderne Gesellschaft von Ablenkungen geplagt ist. Unsere Telefone, Jobs, Verantwortlichkeiten und Sorgen nehmen oft einen wichtigen Platz in unseren Köpfen ein, selbst in den intimsten Momenten. Der renommierte Soziologe Anthony Giddens untersuchte in "The Transformation of Intimacy" (1992), wie moderne Beziehungen durch diese Ablenkungen beeinträchtigt werden und wie wir die Kontrolle zurückerlangen können. Und einer der Wege ist bewusster Sex.

Um achtsamen Sex zu praktizieren, sollten Sie zunächst einen heiligen Raum schaffen. Das bedeutet nicht unbedingt, einen Raum mit Kerzen und sanfter Musik zu füllen (obwohl das sicherlich hilfreich sein kann). Vielmehr geht es darum, einen geistigen und emotionalen Raum zu schaffen, in dem sich beide Partner sicher, wertgeschätzt und verbunden fühlen. Dies kann durch offene Kommunikation erreicht werden, wie wir in *Kapitel 7* besprochen haben, und durch das Setzen klarer und einvernehmlicher Grenzen.

Achten Sie als nächstes auf Ihre Atmung. Die Atmung ist der Schlüssel, der Körper und Geist miteinander verbindet. Wenn Sie Ihre Atmung mit der Ihres Partners synchronisieren, verbessern Sie nicht nur die körperliche, sondern auch die emotionale Verbindung.

Denken Sie auch daran, dass das Ziel nicht nur darin besteht, den Höhepunkt zu erreichen. Der Weg dorthin, mit all seinen Empfindungen und Gefühlen, ist genauso wichtig. Wenn Sie sich von dem Druck des "Ziels" befreien, können Sie den intimen Akt auf eine ganz neue Weise erleben.

Und während Sie sich in diese Worte vertiefen, denken Sie darüber nach, wie es wäre, wenn Sie diese Praktiken in Ihr Leben integrieren würden. Stellen Sie sich die Veränderung vor, die nicht nur in Ihrem Intimleben, sondern in allen Bereichen Ihres Seins eintreten könnte. Denn, wie die Autorin und Aktivistin Audre Lorde in "The Use of Eroticism: Erotik als Macht" (1978) darlegte, ist erotische Macht nicht nur sexuell. Sie ist eine Kraft, die genutzt werden kann, um zu verändern, zu erschaffen und zu erneuern.

Ich möchte Sie also mit einer Herausforderung konfrontieren. Wenn Sie sich das nächste Mal in einem intimen Moment befinden, halten Sie inne. Atmen Sie. Verbinden Sie sich. Und erleben Sie die heilende Kraft von achtsamem Sex. Denn, wie Sie in den nächsten Abschnitten sehen werden, ist dies nur die Spitze des Eisbergs. Es gibt so viel mehr zu entdecken und zu erfahren in dieser wunderbaren Welt der bewussten Verbindung und Heilung.

Und auf dieser tiefen Entdeckungsreise fragen Sie sich vielleicht: Welche praktischen Beispiele gibt es, die die Wirksamkeit von bewusstem Sex belegen? Ist das nicht nur eine esoterische Sichtweise auf etwas so Natürliches und Grundlegendes?

Nehmen wir zum Beispiel das Konzept des "Tantra". Oft missverstanden als eine Form von verlängertem Sex, ist Tantra eigentlich eine uralte Tradition, die sich mit Verbindung, Energie und Bewusstsein beschäftigt. In dem Buch "Tantra: Der Pfad der Akzeptanz" (1979) erklärt Osho, wie diese Tradition über die einfache Einstellung zum Sex hinausgeht und zu einer Lebensphilosophie wird. Aber für unsere Zwecke wollen wir sehen, wie Tantra die Kraft des bewussten Sex illustrieren kann.

Im Tantra wird die sexuelle Energie als eine mächtige Kraft angesehen, die für Verbindung, Heilung und spirituelles Wachstum kanalisiert werden kann. Die Paare werden ermutigt, sich gegenseitig in die Augen zu schauen, gemeinsam zu atmen und sich langsam zu bewegen. Statt sich auf das Ende zu konzentrieren, geht es um die Reise. Paare, die Tantra praktiziert haben, berichten, dass sie eine tiefere Verbindung spüren, nicht nur zueinander, sondern auch zum Universum selbst.

Aber wenn Ihnen Tantra ein bisschen weit weg erscheint, denken Sie einfach daran, Ihrem Partner bei der Intimität in die Augen zu schauen, den Blick nicht abzuwenden, sondern einfach präsent zu sein und sich zu verbinden. Wenden Sie Ihren Blick nicht ab, seien Sie einfach präsent und verbinden Sie sich. Klingt einfach, nicht wahr? Und doch ist es erstaunlich wirkungsvoll.

Schauen wir uns ein anderes Beispiel an. In ihrem einflussreichen Buch "The Body Keeps the Score: Brain, Mind and Body in Overcoming Trauma" (2014) erforscht Bessel van der Kolk, wie Trauma im Körper verankert ist und wie somatische Erfahrungen, einschließlich achtsamer Sex, zur Heilung beitragen können. Vor allem Traumaopfer können in achtsamem Sex einen Weg finden, sich wieder mit ihrem Körper zu verbinden und ihre Macht und Handlungsfähigkeit zurückzuerlangen.

Erinnern Sie sich, als wir in *Kapitel 6* über die Entdeckung Ihrer eigenen sexuellen Landkarte sprachen? Nun, achtsamer Sex geht noch einen Schritt weiter. Es geht nicht nur darum, Ihren Körper zu kennen, sondern auch darum, in ihm präsent zu sein. Jede Empfindung, jedes Gefühl zu erleben. Nicht vor Schmerz oder Unbehagen wegzulaufen, sondern es anzunehmen und zu verarbeiten.

Vielleicht lachen Sie und denken, wie absurd es erscheinen kann, sich so sehr auf etwas zu konzentrieren, das seit Jahrtausenden eine Grundfunktion ist. Aber wissen Sie noch, wann Sie das letzte Mal gelacht haben, bis Ihnen die Tränen kamen, wann Sie spürten, wie eine Welle von Emotionen Ihren Körper durchströmte, oder wann Sie jemandem in die Augen sahen und spürten, wie die ganze Welt verblasste? Diese Momente reinen Bewusstseins sind ein Vorgeschmack auf die Kraft des bewussten Sex.

Natürlich gibt es, wie bei jeder Reise, auch Herausforderungen. Aber ist es nicht gerade das, was das Ziel noch wertvoller macht? Während Sie sich also darauf vorbereiten, tiefer in diese faszinierende Welt einzutauchen, möchte ich Sie ermutigen, offen zu bleiben, zu experimentieren und - was am wichtigsten ist - die Reise zu genießen. Denn wie wir weiter unten sehen werden, sind die Belohnungen unermesslich.

Und so gestalten wir mit jeder Entdeckung, mit jedem bewussten Experiment, eine transzendentale Reise, die die dunklen Abgründe unserer sexuellen Psyche erhellt und uns zur Ganzheit führt.

Ich habe bereits die Beziehung zwischen Trauma und Körper erwähnt. Aber nicht nur diejenigen, die ein Trauma erlebt haben, können von achtsamem Sex profitieren. Wir alle haben uns irgendwann in unserem Leben von uns selbst abgekoppelt. In seinem viel beachteten Werk "The Power of Now" (1997) fordert Eckhart Tolle uns auf, präsenter zu sein, im Augenblick zu leben. Und welcher Augenblick könnte kraftvoller sein als der der Intimität?

Nehmen wir uns einen Moment Zeit, um darüber nachzudenken: Wie oft waren Sie während eines intimen Akts körperlich anwesend, aber Ihre Gedanken waren ganz woanders? Sie haben über die Aufgaben des nächsten Tages nachgedacht, waren mit einem früheren Gespräch beschäftigt oder sind einfach abgewandert. Auf diese Weise berauben wir uns selbst der Tiefe der Verbindung und des Vergnügens, die möglich sind.

Beim bewussten Sex geht es nicht nur um uns als Individuen, sondern auch darum, wie wir miteinander umgehen. Haben Sie jemals über die Qualität Ihrer intimen Beziehungen nachgedacht? Wenn wir über den körperlichen Akt hinausschauen und in den Ozean der Gefühle und Empfindungen eintauchen, kann die Tiefe unserer Beziehungen exponentiell gesteigert werden.

Aber was wäre, wenn ich Ihnen sagen würde, dass es noch etwas anderes gibt, etwas, das über die persönliche Erfahrung hinausgeht und in das Gefüge unserer Gesellschaft hineinreicht? In Das Paradox der Liebe (2012) vertritt Alain Badiou die Ansicht, dass die Liebe in ihrem reinsten Wesen die Macht hat, die soziale Ordnung zu untergraben, Normen in Frage zu stellen und neue Paradigmen zu schaffen. Und Sex, als Ausdruck der Liebe, hat diese revolutionäre Kraft. Indem wir unsere Sexualität bewusst leben, bereichern wir nicht nur unser individuelles Leben, sondern machen auch einen Schritt hin zu einer stärker vernetzten, empathischen und letztlich freien Gesellschaft.

Sie, liebe Leserin, lieber Leser, werden nach dieser Reise durch die Landschaft des bewussten Sex wahrscheinlich neugierig, vielleicht sogar ein wenig skeptisch sein. Aber ist dieses Gefühl der Faszination nicht wunderbar? Es ist ein Zeichen dafür, dass Sie an der Schwelle zur Entdeckung stehen und bereit sind, in das Unbekannte einzutauchen.

Wie geht es nun weiter, wie setzen wir all dies in die Praxis um? Ich verspreche Ihnen, dass wir uns in *Kapitel 16* mit dieser Frage und noch viel mehr befassen werden, wenn wir die Sexualität im späteren Leben erforschen und die Tabus, die sie umgeben, in Frage stellen. Denn schließlich ist die Reise zu einer erfüllten und bewussten Sexualität nie zu Ende, egal in welcher Lebensphase wir uns befinden.

Kapitel 16: Sexualität im Alter: Tabus in Frage stellen

Mit zunehmendem Alter verändert sich vieles: unsere Haut, unsere Muskeln, sogar die Art, wie wir die Welt sehen. Aber wie sieht es mit unserer Sexualität aus - werden die Flammen des Verlangens wirklich schwächer, oder verwandeln sie sich einfach in ein ruhigeres, gleichmäßigeres Feuer? Und was noch wichtiger ist: Warum ist die Vorstellung, dass ältere Menschen Intimität genießen, für viele ein Tabu?

Das sind Fragen, die Sie sich vielleicht noch nicht gestellt haben. Aber es ist wichtig, dies zu tun. Schließlich ist die Lebenserwartung gestiegen und damit auch die Möglichkeit, ein in jeder Hinsicht erfülltes und bereicherndes Leben zu führen, auch was die Sexualität betrifft. Warum ist es also so wichtig, über Sexualität im Alter zu sprechen? Nun, so wie wir in *Kapitel 12* über die Chemie der Liebe gesprochen haben und darüber, dass unsere Hormone eine Schlüsselrolle in unserer Beziehung zu anderen spielen, ist es wichtig zu verstehen, dass diese Chemie mit dem Alter nicht verschwindet.

Sind Sie davon ausgegangen, dass Ihr sexuelles Verlangen mit zunehmendem Alter nachlässt? Wenn ja, woher stammt dieser Glaube - aus Geschichten, die Sie gehört haben, aus Filmen, die Sie gesehen haben, oder aus persönlicher Erfahrung?

Wir leben in einer Gesellschaft, die oft die Jugend und ihre Attribute vergöttert. In *Kapitel 4 haben* wir Schönheitsnormen entmystifiziert und gezeigt, wie sie unsere Wahrnehmung von uns selbst und anderen beeinflussen können. Wenn wir jedoch älter werden, entdecken wir, dass Schönheit über die Haut hinausgeht und dass tiefe Verbundenheit über physische Grenzen hinausgeht.

Bernice Neugarten vertritt in ihrem Buch "The Personalities of Middle Age" (1976) die Auffassung, dass unsere Gesellschaft im Voraus festgelegte "Altersdrehbücher" hat. Diese Skripte, die oft unbewusst sind, diktieren, wie wir uns in jeder Phase unseres Lebens verhalten "sollten". Und leider ist die vorherrschende Meinung, dass ältere Menschen sich aus dem aktiven und leidenschaftlichen Leben zurückziehen sollten, einschließlich ihres Sexuallebens.

Aber warum? Warum sollte man annehmen, dass mit dem Alter die Leidenschaft oder das Verlangen nach Verbundenheit endet? Warum sollte man nicht neu definieren, was es bedeutet, alt zu werden und jeden Moment unseres Lebens in vollen Zügen zu genießen? Wie wäre es, wenn Sie beginnen würden, das Altern nicht als Verlust zu sehen, sondern als eine Entwicklung, eine Gelegenheit, sich selbst und Ihren Partner auf einer tieferen und bedeutungsvolleren Ebene wiederzuentdecken und neu zu verbinden?

Die Auseinandersetzung mit Tabus und Vorurteilen über Sexualität im Alter ist mehr als notwendig. Es ist wichtig für das Wohlbefinden und die psychische Gesundheit von Millionen von Menschen, die unabhängig von ihrem Alter lebendig und leidenschaftlich bleiben und sich nach einer tiefen Verbindung sehnen.

Aber wie bei jeder Reise ist der erste Schritt oft der schwierigste. Sind Sie also bereit, diese Tabus in Frage zu stellen? Denn, liebe Leserin, lieber Leser, das wahre Abenteuer des Verstehens und der Selbstakzeptanz in unserer Sexualität hat kein Verfallsdatum.

Jetzt, da wir uns eingehender mit der Natur unserer Sexualität im späteren Leben befassen, stoßen wir auf verschiedene Stimmen, von denen viele zu lange zum Schweigen gebracht wurden. Diesen Stimmen zuzuhören ist wichtig, um die Landschaft der Intimität in diesem Lebensabschnitt vollständig zu verstehen.

Wenn wir in die Vergangenheit zurückgehen und die Literatur besuchen, finden wir leidenschaftliche Hinweise auf Liebe und Begehren zwischen älteren Menschen. So untersucht Simone de Beauvoir in "Das Alter" (1970) den Prozess des Alterns aus einer philosophischen und feministischen Perspektive. Beauvoir nähert sich dem Thema der Sexualität mit einem Nachdruck, der die Vorstellung in Frage stellt, dass die Leidenschaft mit dem Alter nachlässt. Sie besteht darauf, dass Liebe und Begehren keine Altersgrenzen kennen.

Und genau hier sollten wir innehalten und nachdenken. Wenn Schriftsteller und Philosophen im Laufe der Jahre über die Vitalität und Leidenschaft älterer Menschen gesprochen haben, warum hat sich unsere Gesellschaft dann dafür entschieden, dies zu ignorieren oder zu trivialisieren? Zum Teil mag es daran liegen, dass wir in einer Kultur leben, die, wie oben erwähnt, die Jugend vergöttert. Es gibt jedoch noch einen anderen, tieferen Grund, der damit zusammenhängt, wie wir Erfahrung und Weisheit sehen und bewerten.

Ein Beispiel: Stellen Sie sich ein Paar in den Siebzigern vor, das sich an den Händen hält und sich mit dem gleichen Glanz in die Augen schaut wie ein Paar in den Zwanzigern. Das ist ein starkes Bild. Doch während die Gesellschaft das Bild der Jungen vielleicht als "romantisch" ansieht, wird das der Alten vielleicht mit Skepsis oder sogar mit einer gewissen Portion Humor betrachtet. Aber warum? Beide Paare empfinden das gleiche Gefühl, den gleichen Wunsch nach Verbundenheit. Der Unterschied liegt in unserer Wahrnehmung und in den bereits erwähnten Altersschemata.

Studien über die Sexualität im Alter, wie die von Masters und Johnson in "The Human Sexual Response" (1966), haben gezeigt, dass sich zwar bestimmte biologische Funktionen mit dem Alter verändern, das Verlangen, die Fähigkeit zur Verbindung und die Befriedigung aber nicht unbedingt abnehmen. Viele stellen sogar fest, dass sich ihr Sexualleben mit dem Alter verbessert, da sie die Weisheit der Erfahrung und ein tieferes Verständnis dafür mitbringen, was wirklich wichtig ist.

Gleichzeitig ist es jedoch wichtig zu erkennen, dass die Erfahrungen jedes Einzelnen einzigartig sind. Manche haben im Alter aufgrund von Gesundheitsproblemen, Medikamenten oder emotionalen Problemen mit Herausforderungen in ihrem Sexualleben zu kämpfen. In *Kapitel 11 haben* wir den Einfluss von Umwelt und Ernährung auf die sexuelle Gesundheit erörtert. Diese Einflüsse sind auch im Alter noch von Bedeutung, und es ist wichtig, allen Bedenken und Herausforderungen mit Verständnis und Einfühlungsvermögen zu begegnen.

Abgesehen von den Herausforderungen ist es wichtig, die Sexualität in all ihren Formen und in allen Lebensabschnitten zu feiern. Das Alter ist eine Gelegenheit, unsere Verbindung zu uns selbst und zu anderen neu zu entdecken, neu zu definieren und neu zu beleben. Denn letztlich ist der Wunsch nach Liebe, Verbundenheit und Verständnis eine menschliche Konstante, egal in welchem Alter wir sind.

Die Schönheit der menschlichen Erfahrung liegt in ihrer Vielfalt, und in vielerlei Hinsicht ist unser Sexualleben ein Spiegelbild dieser Vielfalt. Wie ein endlos fließender Fluss wird jeder Abschnitt unseres Lebens zu einem Nebenfluss, der den großen Ozean unserer Existenz bereichert. Doch was geschieht, wenn diese Nebenflüsse auf Hindernisse stoßen?

Eines der eindrucksvollsten Beispiele dafür ist die Geschichte von Carla und Alberto, einem Paar in den Achtzigern. Sie haben sich vor mehr als sechs Jahrzehnten in einem Tanzclub kennengelernt, und ihre Liebe ist seitdem immer wieder aufgeblüht. Im Laufe der Jahre sahen sie sich jedoch zahlreichen Herausforderungen gegenüber, von gesundheitlichen Problemen bis hin zum Verlust geliebter Menschen. Trotzdem ließen sie ihre innige Verbindung nie verblassen. Alberto gestand einmal lächelnd: "Die Sehnsucht zwischen uns ist nie gestorben, sie hat sich nur weiterentwickelt."

Der Fall von Carla und Alberto ist kein Einzelfall. In "Sexuality and Aging: A Practical Guide" (1998) erforscht die Autorin Joan Price, wie ältere Menschen innovative Wege gefunden haben, ihre Leidenschaft am Leben zu erhalten. Price erwähnt, dass wir mit zunehmendem Alter erkennen, dass es bei der Sexualität nicht nur um den körperlichen Akt geht, sondern auch um emotionale Intimität und Verbindung.

Stellen Sie sich nun einen Moment lang vor, Sie wären in Carlas und Albertos Alter. Sie finden sich in einer Welt wieder, in der die Jugend verehrt wird und Falten und graue Haare eher als Zeichen des Verfalls denn als Zeichen der Weisheit gelten. Wie denken Sie darüber? Was sollte die Welt Ihrer Meinung nach von Ihrer Erfahrung und Weisheit lernen?

Vielleicht stehen Sie vor der Frage, ob es für ältere Menschen "angemessen" oder "normal" ist, Wünsche zu haben und ihre Sexualität auszuleben. Es ist nicht ungewöhnlich, dass ältere Menschen aufgrund gesellschaftlicher Stereotypen mit diesem inneren Dilemma konfrontiert sind. Doch wie in *Kapitel 14* erwähnt, ist Innovation in der Intimität unerlässlich. Und das ist im Alter besonders wichtig.

Betrachten wir einen weiteren Aspekt: Erfahrung. Ältere Menschen bringen das Wissen und die Weisheit eines ganzen Lebens mit. In The Wisdom of Aging (2001) schlägt Robert Kastenbaum vor, dass gesammelte Erfahrungen zu reicheren und befriedigenderen Formen der Intimität im Alter führen können. Der Leistungsgedanke oder das Bedürfnis nach Bestätigung treten oft in den Hintergrund und werden durch eine tiefere Wertschätzung der gemeinsamen Momente ersetzt.

Es ist wichtig, dass wir verstehen, dass Leidenschaft, Begehren und Intimität kein Verfallsdatum haben. Die Gesellschaft könnte sehr davon profitieren, diese Perspektive einzunehmen und ein tieferes und breiteres Verständnis dafür zu entwickeln, was es bedeutet, in allen Phasen ein Mensch zu sein.

Das Alter markiert nicht das Ende der Sexualität, sondern eine neue Phase voller Möglichkeiten und Entdeckungen. Es ist eine Zeit des Wiederentdeckens, des Neuerfindens und vor allem des Liebens und Geliebtwerdens mit einer Tiefe, die nur durch die gesammelten Erfahrungen eines ganzen Lebens erreicht werden kann.

So wie der Herbst die grünen Blätter in leuchtende Orange-, Rot- und Gelbtöne verwandelt, so kommt auch das Alter mit seiner einzigartigen Palette an Gefühlen, Erfahrungen und Weisheiten. Es ist nicht die Zeit des Verfalls, sondern der Verwandlung. Und in dieser Zeit kann die Sexualität in einem anderen, aber ebenso schönen Licht erstrahlen.

Manche sagen, dass die wahre Schönheit der Intimität im späteren Leben in der Qualität der Beziehung liegt, die erreicht werden kann. Ohne die Dringlichkeit und die Erwartungen, die oft mit der Jugend einhergehen, kann eine Tiefe und ein Reichtum an Intimität gefunden werden, der in keinem anderen Lebensabschnitt erreicht werden kann. Wie Helen Fisher in ihrem Buch "Why We Love" (2004) hervorhebt, sind Liebe und Begehren Kräfte, die fortbestehen, sich weiterentwickeln und sich an jeden Abschnitt unseres Lebens anpassen.

Lassen Sie mich Ihnen eine Frage stellen: Haben Sie jemals ein älteres Paar in einem Park beobachtet, das Hand in Hand sitzt und liebevolle, verständnisvolle Blicke austauscht? Diese Blicke, diese ineinander verschlungenen Hände zeugen von jahrzehntelangem gemeinsamen Lachen, bewältigten Herausforderungen und gemeinsam geschaffenen Erinnerungen. Auch wenn sich ihre Körper im Laufe der Zeit verändert haben mögen, bleibt die Essenz ihrer Verbindung unzerstörbar. Das ist die Essenz der Sexualität im Alter. Es geht nicht so sehr um körperliche Leidenschaft, sondern um eine tiefe und bedeutungsvolle emotionale Verbindung.

Lassen Sie uns nun über einige der Barrieren sprechen, die die Gesellschaft um dieses Thema errichtet hat. In den Medien und der Populärkultur wird Sexualität oft als etwas dargestellt, das jungen Menschen vorbehalten ist. Doch wie Margaret Mead in "Sex and Temperament" (1935) schrieb, ist die Sexualität ein integraler Bestandteil des Menschseins während des gesamten Lebens. Sie ist ein wesentlicher Bestandteil unserer Identität, unabhängig vom Alter.

Neben den kulturellen Barrieren gibt es aber auch praktische Hindernisse, mit denen viele ältere Menschen konfrontiert sind. Gesundheitliche Probleme, Medikamente und hormonelle Veränderungen können das sexuelle Verlangen und die sexuelle Funktion beeinflussen. Wie in *Kapitel 11* erwähnt, können jedoch auch das Umfeld und die Ernährung einen entscheidenden Einfluss auf die Aufrechterhaltung einer optimalen sexuellen Gesundheit haben. Eine Kombination aus Selbsterkenntnis, Kommunikation und angemessener Unterstützung kann es älteren Menschen ermöglichen, weiterhin ein erfülltes und lohnendes Sexualleben zu genießen.

Zusammenfassend lässt sich sagen, dass das Alter ein reiches und vielseitiges Kapitel des Lebens ist. Intimität und Verbundenheit bleiben in dieser Phase grundlegende Pfeiler der menschlichen Erfahrung. Lassen wir Tabus beiseite und bekennen wir uns zu der Idee, dass Lust, Leidenschaft und Liebe kein Verfallsdatum haben.

Also, liebe Leserin, lieber Leser, während Sie auf Ihrer Reise der Selbstfindung und des Verstehens voranschreiten, lade ich Sie ein, Ihren Geist und Ihr Herz für die unendlichen Möglichkeiten zu öffnen, die das Leben Ihnen bietet. Und gehen Sie neugierig zum nächsten Kapitel über, in dem wir gemeinsam erforschen werden, wie Sie Traumata überwinden und den Weg zu einer befreiten Sexualität einschlagen können. Denn jede Phase, jede Erfahrung und jeder Moment unseres Lebens verdient es, in vollen Zügen gelebt zu werden.

Kapitel 17: Traumaüberwindung: Der Weg zur befreiten Sexualität

Liebe Leserin, lieber Leser, haben Sie jemals das Gefühl gehabt, dass bestimmte Momente in Ihrer Vergangenheit wie Ketten wirken und die Fülle Ihrer gegenwärtigen Erfahrung zurückhalten? Mit diesem Gefühl sind Sie nicht allein. Und da Sie sich auf dieser Reise der sexuellen Selbstfindung befinden, ist es wichtig, vergangene Traumata anzusprechen und zu überwinden, die Ihr gegenwärtiges Wohlbefinden und Erleben beeinträchtigen können.

Die Bedeutung der Aufarbeitung sexueller Traumata darf nicht unterschätzt werden. Diese Ereignisse können emotionale Narben in uns hinterlassen, die unsere Fähigkeit beeinträchtigen, Beziehungen einzugehen, zu vertrauen und unsere Sexualität voll auszukosten. Stellen Sie sich vor, Ihr Geist sei wie ein perfekt aufgeräumtes Zimmer, aber in einer Ecke steht ein Kofferraum voller schmerzhafter Erinnerungen. Nun frage ich Sie: Können Sie sich in diesem Raum wirklich wohlfühlen, wenn dieser Stiefel ungeöffnet und unverarbeitet ist?

Bevor wir uns näher damit befassen, ist es wichtig zu verstehen, was ein sexuelles Trauma ist. Es geht über das Offensichtliche hinaus und kann Erfahrungen umfassen, die von der Gesellschaft oft übersehen oder bagatellisiert werden. Van der Kolk erinnert uns in The Body Keeps the Score (2014) daran, dass ein Trauma jedes Ereignis sein kann, das uns überwältigt und uns das Gefühl gibt, machtlos zu sein, keine Stimme zu haben und von uns selbst abgekoppelt zu sein. Fühlen Sie sich davon angesprochen?

Ein sexuelles Trauma kann sich aus einer Vielzahl von Erfahrungen ergeben, von Belästigung und Demütigung bis hin zu körperlicher Gewalt. Das gemeinsame Merkmal all dieser Situationen ist jedoch die Beeinträchtigung der Selbstwahrnehmung und der Fähigkeit, intime Beziehungen einzugehen.

Vielleicht denken Sie: "Das trifft auf mich nicht zu". Aber haben Sie schon einmal darüber nachgedacht, wie viel von dem, was Sie erlebt haben, Ihr heutiges Verhalten, Ihre Fähigkeit, sich zu öffnen und Ihre Reaktionen auf bestimmte Situationen beeinflusst? Sogar die Kommentare und Einstellungen der Menschen in Ihrer Umgebung in Ihrer Jugend können Spuren hinterlassen haben. Wie in *Kapitel 5* erwähnt, spielt unser Selbstwertgefühl eine entscheidende Rolle in unserem Sexualleben.

Natürlich reagiert nicht jeder Mensch in gleicher Weise auf traumatische Ereignisse. Bei manchen Menschen können die Erinnerungen an das Trauma mit der Zeit verblassen. Bei anderen können sie in einer Schleife von wiederkehrenden Erinnerungen und überwältigenden Gefühlen gefangen sein. Aber es gibt eine Wahrheit, die in jeder Trauma-Geschichte mitschwingt: Heilung ist möglich.

Was wäre, wenn ich Ihnen sagen würde, dass Sie sich mit der richtigen Unterstützung und den richtigen Werkzeugen von den Fesseln der Vergangenheit befreien und sich auf eine Reise zu einer befreiten und erfüllten Sexualität begeben können? Sind Sie bereit für diese Reise? Denn ich verspreche Ihnen, dass es eine Reise voller Enthüllungen, Selbstentdeckungen und letztendlich Befreiung sein wird.

In diesem Kapitel werden wir gemeinsam die Tiefen des Traumas erforschen, seine Erscheinungsformen und vor allem, wie Sie mit der Heilung beginnen können. Ich lade Sie ein, mir mit einem offenen Geist und einem bereitwilligen Herzen zu folgen, während wir dieses wichtige Thema enträtseln und behandeln.

Aber bevor wir weitermachen, beantworten Sie mir eine Frage: Ist es nicht an der Zeit, dass Sie Ihr Sexualleben nach Ihren eigenen Vorstellungen leben, frei von den Schatten der Vergangenheit? Wenn Ihre Antwort ja lautet, lesen Sie weiter. Lassen Sie uns gemeinsam den Weg zu einer befreiten Sexualität beleuchten.

Heilung ist in ihrem Kern eine Reise nach innen. Sie erfordert, dass wir uns schmerzhaften Aspekten unserer Vergangenheit stellen und akzeptieren, dass diese Ereignisse zwar Teil unserer Geschichte sind, aber nicht unsere Zukunft bestimmen müssen. Die menschliche Widerstandsfähigkeit ist erstaunlich, und Sie, liebe Leserin, lieber Leser, haben eine unerschöpfliche Quelle der Kraft und Weisheit in sich, die darauf wartet, entdeckt zu werden.

Viele Experten haben sich eingehend mit der Schnittstelle zwischen Trauma und Sexualität befasst. Judith Herman schlägt in ihrem einflussreichen Werk Trauma and Recovery (1992) vor, dass die Heilung von Traumata in drei Schritten erfolgt: Sicherheit herstellen, sich erinnern und trauern und schließlich sich wieder mit dem Leben verbinden. Können Sie erkennen, wie sich diese Schritte auf Ihr Leben anwenden lassen? Sicherheit, sowohl physisch als auch emotional, ist die Grundlage. Sobald Sie sich in Ihrer Umgebung und mit sich selbst sicher fühlen, können Sie damit beginnen, die schmerzhaften Erinnerungen aufzudecken und zu verarbeiten und schließlich Ihre Beziehung zu Ihrer eigenen Sexualität und zu anderen wiederherzustellen.

Ein weiterer Experte zu diesem Thema, Bessel van der Kolk, betont die Bedeutung der somatisierenden Heilung. Das bedeutet, dass wir die Art und Weise, wie sich das Trauma in unserem Körper manifestiert, erkennen und angehen müssen. Wie wir in *Kapitel 3* erwähnt haben, sind unser Körper und unser Geist eng miteinander verbunden, vor allem, wenn es um Lust und Schmerz geht. Ist es nicht faszinierend, wie eine Erinnerung eine körperliche Reaktion auslösen kann, z. B. einen Schauer oder ein Gefühl der Wärme? Hierin liegt die Bedeutung der somatisierenden Heilung, diese Reaktionen zu erkennen und sie zu verarbeiten.

Aber wo soll man anfangen? Einer der ersten Schritte besteht darin, einen Traumaberater oder -therapeuten zu finden, jemanden, bei dem Sie sich sicher fühlen und dem Sie zuhören können. Jemand, der Sie durch die schwierigen Zeiten begleiten und mit Ihnen Ihre Fortschritte feiern kann.

Nicht zuletzt ist es die Praxis der Selbstfürsorge. Stellen Sie sich vor, Sie kümmern sich um eine Pflanze, die vernachlässigt und schlecht behandelt wurde. Sie wird nicht über Nacht blühen. Sie braucht Zeit, Liebe, Wasser und Sonnenlicht. Auch Ihre Heilung wird Zeit, Selbstliebe und Geduld erfordern.

Darüber hinaus können Gemeinschaften zur Unterstützung von unschätzbarem Wert sein. Es gibt zahllose Selbsthilfegruppen für Überlebende sexueller Traumata, und manchmal kann allein das Wissen, dass man mit seiner Erfahrung nicht allein ist, sehr heilsam sein.

Ein Hinweis auf die Bedeutung der Sprache: Worte haben Macht. Wie wäre es, wenn Sie sich nicht als "Opfer", sondern als "Überlebende" bezeichnen würden? Kleine Veränderungen in unserer Selbstwahrnehmung können einen tiefgreifenden Einfluss auf unseren Heilungsprozess haben.

Ich kann es nicht genug betonen: Die Reise zu einer befreiten Sexualität nach einem Trauma ist genau das, eine Reise. Sie wird Höhen und Tiefen haben. Es wird Momente der Verzweiflung und Momente der Euphorie geben. Aber denken Sie bei jedem Schritt daran, dass Sie nicht allein sind und dass am Ende des Weges eine Version von Ihnen selbst wartet, eine Version, die ihre Sexualität mit Freude, Neugierde und Furchtlosigkeit umarmt.

Wenn Sie erlauben, möchte ich Sie nun durch einen Garten führen. Aber es ist kein gewöhnlicher Garten. Jede Blume und jeder Baum ist aus Geschichten von Widerstandsfähigkeit und Überwindung gewachsen. Wenn Sie diesen Weg entlanggehen, werden Sie vielleicht ein Echo Ihrer eigenen Erfahrungen finden, was die Tatsache unterstreicht, dass wir, obwohl jeder von uns seine eigene Geschichte hat, auf unserer Heilungsreise nicht allein sind.

Nehmen wir zum Beispiel Mariana. Nach jahrelangem Missbrauch in einer früheren Beziehung hatte sie das Gefühl, dass ihre Sexualität unwiderruflich zerbrochen war. Sie hatte Bücher und Artikel gelesen und Selbsthilfegruppen aufgesucht, fühlte sich aber dennoch verloren. Zu diesem Zeitpunkt beschloss sie, an einem Retreat teilzunehmen, das der Heilung von sexuellen Traumata gewidmet war. Hier wurde sie in die somatische Bewegungstherapie eingeführt. Mariana entdeckte, wie der bewusste Akt der Bewegung ihres

Körpers, das Spüren jedes Muskels und jedes Atems, sie wieder mit ihrer Sexualität verbinden konnte, wie sie es nie zuvor erlebt hatte. Wie Peter Levine in *Waking the Tiger: Healing Trauma* (1997) erwähnt, hat der Körper seine eigene Art, Traumata zu verarbeiten und loszulassen, oft auf effektivere Weise als unser bewusster Verstand.

Und dann, auf der anderen Seite des Gartens, finden wir Diego. Nach einem traumatischen Ereignis in seiner Jugend fand er Zuflucht im Schreiben. Seine Erlebnisse zu Papier zu bringen, wurde zu einer Katharsis. Jedes Wort war ein Schritt auf dem Weg zur Heilung, und mit der Zeit wurden diese Schritte zu Fortschritten. In Anlehnung an Bessel van der Kolks *The Body Keeps the Score* (2014) kann das persönliche Erzählen eine strukturierte und kohärente Art der Verarbeitung traumatischer Ereignisse bieten.

Und was ist mit denjenigen, die in traditionellen Therapien keine Lösung finden? Rosa, zum Beispiel, fand ihren Frieden in der Kunst. Die Malerei wurde zu ihrem Ventil. Jeder Pinselstrich war ein Fragment ihres Traumas, das sie auf der Leinwand losließ. Inspiriert wurde sie durch das Buch *Art Therapy and Clinical Neuroscience* (2008) von Noah Hass-Cohen und Richard Carr, das die Verbindung zwischen Kunst und Neurowissenschaft im Heilungsprozess hervorhebt.

Diese Geschichten sind zwar einzigartig, haben aber einen gemeinsamen Nenner: Widerstandsfähigkeit. Jeder dieser Menschen hat, genau wie Sie, seinen Weg zur Befreiung gefunden. Für ein Trauma gibt es keine Patentlösung. Es erfordert Selbstreflexion, Geduld und oft auch ein wenig Kreativität.

Was bedeutet das nun für Sie? Nun, liebe Leserin, lieber Leser, die Wahrheit ist, dass Sie bereits den ersten Schritt getan haben, indem Sie sich auf diese Lektüre eingelassen haben. Aber wie wäre es, wenn Sie sich jetzt einen Moment Zeit nehmen und über Ihre eigene Geschichte nachdenken? Wo sehen Sie sich selbst in diesem Garten? Gibt es eine Blume oder einen Baum, der Sie anspricht?

Sexuelle Befreiung nach einem Trauma ist kein Ziel, es ist eine Reise. Und auch wenn der Weg kurvenreich sein mag, denken Sie daran, dass hinter jeder Kurve, in jeder Blume und in jedem Baum Geschichten der Resilienz darauf warten, Sie zu inspirieren.

Wenn Sie in diesem Garten der Resilienz und der Wiederverbindung weitergehen, lade ich Sie ein, an einem Brunnen in der Mitte Halt zu machen. Dieser Brunnen ist nicht einfach nur ein Gewässer, sondern ein Spiegel, der nicht nur Ihr äußeres Bild, sondern auch Ihre innere Reise reflektiert. Wenn Sie ins Wasser schauen, sehen Sie die Reflexionen Ihrer Kämpfe, Ihrer Siege, Ihrer Verluste und Ihrer Entdeckungen.

Vielleicht fragen Sie sich: "Wie kann ich weitermachen? Elizabeth Kubler-Ross bietet in ihrem Buch *Über Tod und Sterben* (1969) eine aufschlussreiche Perspektive. Sie schlägt vor, dass der Prozess des Umgangs mit jedem Trauma, nicht nur mit dem Tod, in Phasen unterteilt werden kann. Verleugnung, Wut, Verhandeln, Depression und schließlich Akzeptanz. Diese Phasen verlaufen nicht linear, und Sie können sich jederzeit zwischen ihnen bewegen. Die Kenntnis dieser Phasen kann jedoch Struktur und Einblick in Ihren persönlichen Prozess bieten.

Auf der anderen Seite des Brunnens stoßen Sie auf eine Bank. Als Sie sich setzen, bemerken Sie ein Buch neben sich: *Trauma and Recovery* (1992) von Judith Herman. Darin hebt Herman die Bedeutung von Empowerment und Wiederverbundenheit bei der Traumaheilung hervor. Es erinnert Sie daran, dass Sie Ihre Vergangenheit zwar nicht ändern können, dass Sie aber die Möglichkeit haben, zu entscheiden, wie sie Ihre Zukunft beeinflussen wird.

Stellen Sie sich nun vor, dass jeder Wassertropfen im Brunnen eine Erfahrung, eine Erinnerung oder ein Gefühl darstellt. Einige Tropfen mögen schwerer sein als andere, sie stehen für Momente des Schmerzes oder der Traurigkeit. Aber es gibt auch leichte Tropfen, die Hoffnung und Verjüngung symbolisieren. Wenn Sie Ihre Hände in das Wasser tauchen, spüren Sie ein Gefühl der Befreiung, als ob Sie diesen Tropfen erlauben, zu fließen und sich neu zu formieren und Ihnen eine neue Perspektive zu eröffnen.

Und hierin liegt das Wesentliche der Reise zu einer befreiten Sexualität. Es geht nicht darum, die Vergangenheit zu vergessen oder zu ignorieren, sondern zu lernen, diese Erinnerungen und Erfahrungen zu integrieren und ihnen einen Platz und einen Sinn in der persönlichen Geschichte zu geben.

Ich hoffe, dass Sie, wenn Sie dieses Kapitel abschließen und zum nächsten übergehen, das Wissen mit sich tragen, dass jeder Schritt, den Sie tun, jedes Werkzeug, das Sie sich aneignen, und jede Geschichte, die Sie entdecken, nicht nur zur Heilung, sondern auch zu einem tieferen Verständnis Ihrer selbst führt. Und als Vorgeschmack werden Sie im nächsten Kapitel erkunden, wie Technologie und Sexualität

Verbündete oder Gegner auf unserer Reise zur Ganzheit sein können.

Sind Sie also bereit, in die Gewässer der Zukunft einzutauchen und zu entdecken, wie die Technologie unser Verständnis von Sexualität neu definiert? Ich freue mich darauf, Sie auf dem nächsten Schritt dieser faszinierenden Reise zu sehen.

Kapitel 18: Technologie und Sexualität: Hilfe oder Hindernis?

Haben Sie im Zeitalter des technischen Fortschritts in Lichtgeschwindigkeit schon einmal darüber nachgedacht, wie die Technologie unsere Wahrnehmung und Erfahrung von Sexualität neu definiert - im Guten wie im Schlechten? Wir leben in einem Zeitalter, in dem wir dank der Technologie intime Begegnungen haben können, ohne uns im selben Raum oder gar auf demselben Kontinent zu befinden. Aber ist dies wirklich vorteilhaft für unsere Sexualität, oder könnte es sein, dass es uns von echten menschlichen Beziehungen abhält?

Die Beziehung zwischen Technologie und Sexualität ist kompliziert und vielschichtig. Einerseits haben technologische Fortschritte es ermöglicht, geografische und zeitliche Barrieren zu überwinden, wodurch es für Menschen einfacher geworden ist, miteinander in Kontakt zu treten. Dating-Apps, mit dem Internet verbundene Sexspielzeuge und virtuelle Realität sind nur einige Beispiele dafür, wie die Technologie unsere sexuelle Erfahrung beeinflusst und bereichert hat. Doch wie gesund und befähigend ist diese Beziehung?

Lassen Sie die Statistiken für sich selbst sprechen. Laut einer Studie des Kinsey-Instituts aus dem Jahr 2019 haben 45 % der Erwachsenen auf der Suche nach Gesellschaft, Abenteuer oder sogar Liebe eine Dating-App genutzt. Und noch überraschender ist, dass 30 % dieser Nutzer zugeben, eine Art virtuelle sexuelle Beziehung gehabt zu haben.

Natürlich dürfen wir die Vorteile nicht außer Acht lassen. Die Technologie hat den Zugang zur Sexualerziehung demokratisiert. Plattformen wie YouTube und verschiedene mobile Apps bieten qualitativ hochwertige Kurse, Vorträge und Lernmaterialien an. Dies hat zweifellos dazu beigetragen, dass mehr Menschen über ihre Sexualität informiert sind und diese selbstbestimmt ausüben können. Erinnern Sie sich an Kapitel 7, in dem wir über erotische Kommunikation gesprochen haben. Digitale Werkzeuge können eine hervorragende Möglichkeit sein, diesen Dialog zu initiieren oder zu bereichern.

Aber haben Sie schon einmal über die möglichen negativen Folgen nachgedacht: Was passiert mit unserer Fähigkeit, emotionale Kontakte zu knüpfen, wenn ein so großer Teil unserer Interaktion über Bildschirme vermittelt wird? In seinem Buch *The Shallows* (2010) argumentiert Nicholas Carr, dass die Technologie unsere Gehirne neu verdrahtet und unsere Fähigkeit zu tiefer Reflexion und kritischem Denken beeinträchtigt. Wenn wir seine Argumente auf den Bereich der Sexualität übertragen, könnten wir uns fragen, ob die Technologie uns zu mehr oberflächlichen Beziehungen führt.

Und an dieser Stelle möchte ich Sie bitten, innezuhalten. Atmen Sie tief ein. Und fragen Sie sich: Haben Sie das Gefühl, dass die Technologie Sie näher an das Wesentliche der menschlichen Verbindung herangeführt oder davon entfernt hat?

Die Antwort ist weder eindeutig noch endgültig. Und auch wenn es widersprüchlich erscheinen mag, das ist das Schöne an unserem Zeitalter. Wir haben die Macht der Wahl. Wir können das Beste aus beiden Welten, der Technologie und der echten menschlichen Verbindung, nutzen, um bereichernde und sinnvolle Erfahrungen zu machen.

Zum Abschluss dieser Einführung lade ich Sie ein, dieses Kapitel mit einem offenen Geist und einem bereitwilligen Herzen zu lesen. Gemeinsam werden wir die Wunder und Herausforderungen erkunden, die die Technologie auf unserem Weg zur vollen Sexualität mit sich bringt. Denn schließlich stehen wir an der Schwelle zu einer neuen Ära in unserer Beziehung zu uns selbst und zu anderen. Und mit den richtigen Werkzeugen können wir die Architekten unserer eigenen sexuellen Anatomie in dieser digitalen Landschaft sein.

Im weiteren Verlauf dieser Untersuchung ist es wichtig zu verstehen, dass jede technologische Innovation eine zweiseitige Medaille darstellt: das Versprechen des Fortschritts und die Herausforderung der Anpassung. Und da Versprechen nun einmal Versprechen sind, wollen wir uns näher mit der Beziehung zwischen Technologie und Sexualität befassen.

Der Philosoph Byung-Chul Han erörtert in seinem Werk *The Transparency Society* (2012) den Einfluss der Technologie auf unsere Wahrnehmung von uns selbst und anderen. Wir leben in einem Zeitalter, in dem alles offengelegt wird. Es ist nicht ungewöhnlich, dass Menschen auf Plattformen wie Instagram, Twitter oder TikTok die intimsten Details ihres Lebens, einschließlich ihrer sexuellen Wünsche und Erfahrungen, preisgeben. Aber was ist der Preis für diese Transparenz - teilen wir wirklich unsere authentische Identität oder eine gefilterte, "verbesserte" Version von uns selbst?

Vielleicht erinnern Sie sich, dass wir in Kapitel 4 Schönheitsstandards entmystifiziert haben. Die sozialen Medien haben diese Standards übertrieben und einen endlosen Kreislauf des Vergleichens geschaffen. In dieser Hinsicht hat die Technologie die Aufrechterhaltung unerreichbarer Ideale gefördert, was sich auf unser Selbstwertgefühl und unsere sexuelle Beziehung auswirken kann.

Doch das Bild ist nicht nur düster. Die Technologie hat auch zu einer Revolution in der Sexualerziehung geführt. Dan Savage, ein bekannter Kolumnist und Autor des Buches "*Savage Love*" (1998), weist darauf hin, dass die Menschen dank der Technologie einen nie dagewesenen Zugang zu Informationen über sexuelle Gesundheit und Wohlbefinden haben. Dies ist entscheidend, um Mythen und Vorurteile abzubauen. Online-Gemeinschaften sind zu sicheren Räumen geworden, in denen Menschen sich austauschen, lernen und sich in ihren Erfahrungen und Orientierungen bestätigt fühlen können.

Allerdings kann ein Übermaß an Information auch ein Problem darstellen. Sherry Turkle argumentiert in *Alone Together* (2011), dass wir zwar dank der Technologie mehr denn je miteinander verbunden sind, aber paradoxerweise auch einsamer sind. Die ständige Flut von Informationen und Reizen kann unsere Fähigkeit behindern, auf einer tieferen, authentischeren Ebene in Kontakt zu treten.

Während Sie weiterlesen, werden Sie vielleicht ein Wechselbad der Gefühle erleben. Vielleicht identifizieren Sie sich mit den Vorteilen, die die Technologie für Ihr Sexualleben mit sich bringt, oder Sie machen sich Sorgen über ihre möglichen Fallstricke. Aber hier ist ein Spiel: Während Sie lesen, denken Sie darüber nach, wie Sie die Technologie bewusst in Ihr Sexualleben integrieren können. Wie können Sie es schaffen, dass sie für Sie arbeitet und nicht gegen Sie?

Denn im Zentrum dieser Debatte steht eine grundlegende Wahrheit: Die Technologie ist letztlich nur ein Werkzeug. Wir, Menschen voller Lust, Neugier und Leidenschaft, entscheiden, wie wir sie auf unserem Weg zu einer erfüllten und befreiten Sexualität einsetzen. Trauen Sie sich, die Kontrolle zu übernehmen?

Stellen Sie sich einen Moment lang vor, Sie befänden sich in einem Raum voller neuester technischer Erfindungen. Einige sind beeindruckend, wie z. B. Begleitroboter, die Ihnen emotionale Unterstützung bieten, während andere, wie z. B. fortschrittliche Dating-Apps, versprechen, Ihren idealen Partner auf der Grundlage von Algorithmen zu finden. Vielleicht fallen Ihnen sogar Virtual-Reality-Geräte auf, die sinnliche Erlebnisse aus einer anderen Welt bieten. Wenn Sie durch diesen Raum gehen, wird Ihnen klar, dass jedes Objekt, jede App und jedes Gerät die Macht hat, Ihre Sexualität auf unvorstellbare Weise zu beeinflussen.

Aber wie?

Virtuelle Realität und erweiterte Realität

Der Forscher Jeremy Bailenson zeigt in seinem Buch *Virtual Experience: The Revolutionary Impact of Virtual Reality on Our Minds and Societies* (2018) auf, wie VR die Wahrnehmung von sich selbst und anderen beeinflussen kann. Stellen Sie sich vor, Sie könnten sich und Ihren Partner in verschiedenen Körpern oder in fantastischen Szenarien sehen. Während einige dies als Möglichkeit zur Erkundung von Fantasien sehen, könnten andere die Authentizität dieser Erfahrungen in Frage stellen. Könnte VR uns von echten und echten menschlichen Beziehungen ablenken? Oder könnte sie umgekehrt ein Hilfsmittel sein, das es Paaren in Fernbeziehungen ermöglicht, sich näher zu fühlen?

Intelligente Sexspielzeuge

Die Innovationen im Bereich der Sexspielzeuge haben seit ihren Anfängen einen langen Weg zurückgelegt. Durch die Einbeziehung von künstlicher Intelligenz und dem Internet der Dinge können diese Geräte lernen und sich an die Vorlieben der Nutzer anpassen. In ihrem Aufsatz "Technosexuality: When the digital and the erotic converge" (2015) argumentiert Belinda Middleweek, dass diese Spielzeuge das sexuelle Erlebnis bereichern können, warnt aber auch vor möglichen Problemen mit der Privatsphäre. Und hier ist etwas zum Nachdenken: Inwieweit sind wir bereit, unsere Privatsphäre für das Vergnügen zu opfern?

Dating- und Verbindungsanwendungen

Dating-Apps haben die Art und Weise, wie wir potenzielle Partner finden und mit ihnen in Kontakt treten, verändert. In seinem Buch *Love in the Time of the Algorithm* (2013) stellt Dan Slater jedoch die Frage, ob diese Apps unser Liebesleben verbessern oder uns zu oberflächlichen Beziehungen verleiten. Die eigentliche Frage lautet: Wie kann man diese Tools nutzen, um echte und bedeutungsvolle Beziehungen zu knüpfen, ohne sich von der paradoxen Auswahl überwältigt zu fühlen?

Natürlich sind dies nur konkrete Beispiele in einem Meer von Innovationen, die jeden Tag auftauchen. Und wenn Sie sich mit jeder einzelnen befassen, spüren Sie dann diese Mischung aus Aufregung und Besorgnis? Das ist nur natürlich. Aber ich möchte Sie beruhigen: Jede Innovation ist, wie wir schon sagten, ein Werkzeug. In Ihren Händen, und nur in Ihren Händen, liegt die Entscheidung, wie Sie sie in Ihr Leben integrieren.

Sind Sie bereit zu entdecken, wie all diese Fortschritte zusammenkommen und die Zukunft der Sexualität gestalten können? Denn die nächste Etappe dieser Reise verspricht, noch faszinierender zu werden.

Da wir uns im Zeitalter der Technologie befinden, sind die Auswirkungen auf unsere Sexualität unvermeidlich und, wie Sie bereits festgestellt haben, potenziell revolutionär. Doch bevor wir zum Schluss kommen, möchte ich Sie einladen, noch tiefer in die Tiefen dieser technologischen Welle einzutauchen. Sind Sie bereit für diese letzte Reise in diesem Kapitel?

Der Weg zur Hybridisierung

Die Technologie hat die Menschheit dazu gebracht, viele Dinge zu überdenken, auch unsere eigene Natur. In The Posthuman (2010) vertritt Rosi Braidotti die Ansicht, dass die Technologie uns in einen neuen Zustand der Existenz drängt, in dem die Grenzen zwischen Mensch, Maschine und Natur verschwimmen. Wie wirkt sich dies auf unsere Sexualität aus? Es könnten neue Formen des Vergnügens entstehen, bei denen wir nicht nur mit Menschen, sondern auch mit künstlichen Intelligenzen und sogar simulierten Realitäten interagieren.

Digitaler Datenschutz und Datenschutzrechte

Mit der Verbreitung von vernetzten Geräten, von intelligenten Sexspielzeugen bis hin zu Dating-Apps, stehen Fragen des Datenschutzes und der Sicherheit im Mittelpunkt des Interesses. Shoshana Zuboff macht uns in "The Age of Surveillance Capitalism" (2019) auf die Kommerzialisierung unserer persönlichen Daten aufmerksam. Haben Sie schon einmal darüber nachgedacht, wie viele persönliche Daten, einschließlich Ihrer sexuellen Vorlieben, gesammelt und verwendet werden? Als Verbraucher und Bürger war es noch nie so wichtig wie heute, unsere digitale Privatsphäre zu schützen.

Die Ethik der Technosexualität

Bei der weiteren Erkundung des Terrains der Technosexualität stellt sich eine wichtige ethische Frage: Was sind die Regeln? Wie jeder Fortschritt, vom Klonen bis zur Gentechnik, erfordert auch die Technosexualität eine ethische Reflexion. Donna Haraway lädt uns in ihrem berühmten "Cyborg-Manifest" (1985) dazu ein, unsere hybride Zukunft anzunehmen, erinnert uns aber auch daran, dass wir dies bewusst und verantwortungsbewusst tun müssen.

Am Ende dieses Rundgangs fühlen Sie sich vielleicht überwältigt von all den Möglichkeiten, die sich Ihnen bieten. Aber denken Sie daran: Wie jedes Werkzeug ist auch die Technologie das, was wir aus ihr machen. Sie kann eine Brücke zu reicheren Erfahrungen sein oder eine Barriere, die uns von unserer Menschlichkeit abhält. Die Entscheidung liegt, wie immer, in Ihren Händen.

Ich verlasse Sie jetzt mit einer faszinierenden Idee: Während wir uns in dieser technologischen Landschaft bewegen, entdecken wir nicht nur neue Formen des Vergnügens, sondern auch eine neue Vorstellung davon, was es bedeutet, in einer zunehmend vernetzten Welt ein Mensch zu sein. Fühlen Sie sich bereit, weiter zu forschen? Denn im nächsten Kapitel werden Sie erfahren, wie Kunst und Kultur unsere sexuelle Identität beeinflusst haben und weiterhin prägen. Machen Sie sich bereit, denn die Reise ist noch lange nicht zu Ende.

Kapitel 19: Die Rolle von Kunst und Kultur bei der Bildung der sexuellen Identität

Begleiten Sie mich auf eine Reise in die Welt der Kunst und Kultur, um herauszufinden, wie beide eine entscheidende Rolle bei der Gestaltung unserer sexuellen Identität gespielt haben. Haben Sie sich jemals gefragt, warum bestimmte Kunstwerke, Musik oder Literatur bei Ihnen ein bestimmtes Gefühl in Bezug auf Ihre eigene Sexualität hervorrufen? Vielleicht, weil diese künstlerischen und kulturellen Manifestationen im Kern unsere sexuellen Wahrnehmungen und Erfahrungen widerspiegeln, herausfordern und oft prägen.

Beginnen wir mit einer wesentlichen Frage: Warum ist dieses Thema relevant? Zunächst einmal sind Kunst und Kultur nicht einfach nur "Zierde" in unserem Leben. Wie John Dewey in "Kunst als Erfahrung" (1934) feststellte, sind sie Mittel, die es uns ermöglichen, vollständiger zu leben, uns mit unseren eigenen Gefühlen und mit anderen zu verbinden. So wie Kunst die Kraft hat, tiefe Emotionen hervorzurufen, kann sie auch unsere Wahrnehmung von Sexualität beeinflussen, sowohl positiv als auch negativ.

Die Kunstgeschichte ist voll von Beispielen dafür, wie Sexualität dargestellt und oft idealisiert oder dämonisiert wurde. Von den üppigen paläolithischen Venusfrauen bis zu den provokanten Gemälden von Gustav Klimt war Sexualität ein zentrales Thema in der Kunst. Doch wie hat dies unsere Vorstellung davon beeinflusst, was "normal", "schön" oder "begehrenswert" ist?

Denken Sie an die klassischen griechischen Skulpturen mit ihren idealisierten Figuren von Männern und Frauen. Diese Werke spiegeln nicht nur ein ästhetisches Ideal der damaligen Zeit wider, sondern setzen auch Maßstäbe dafür, was als sexuell attraktiv galt. Die ausgeprägte Muskulatur des Mannes, die sanft geschwungene Taille der Frau - kommt Ihnen das bekannt vor? Diese Vorstellungen haben auch unsere moderne Kultur beeinflusst und spiegeln sich noch immer in den heutigen Schönheitsstandards wider. Haben Sie sich jemals gefragt, woher diese Ideale stammen? Jetzt wissen Sie es.

Andererseits spielt auch die Populärkultur eine wichtige Rolle. Denken Sie an Filme, Lieder, Fernsehserien - wie oft haben Sie schon stereotype Darstellungen von Sexualität gesehen? Von James Dean in "Rebel Without a Cause" (1955), der den Stereotyp des attraktiven "Bad Boy" etablierte, bis hin zu Madonna und ihrem ikonischen Video "Like a Virgin" (1984), das traditionelle Vorstellungen von Reinheit und Weiblichkeit in Frage stellte, spiegelt die Popkultur nicht nur unsere Wahrnehmung und Einstellung zur Sexualität wider, sondern prägt sie auch.

Aber es gibt noch etwas anderes zu bedenken. Kunst und Kultur beeinflussen nicht nur unsere sexuelle Identität, sondern bieten uns auch die Möglichkeit, diese Vorstellungen zu hinterfragen und neu zu definieren. Im Laufe der Geschichte haben Künstler und Kulturschaffende ihre Werke genutzt, um etablierte sexuelle Normen zu hinterfragen, zu konfrontieren und oft zu untergraben. Und Sie, liebe Leserin, lieber Leser, haben die Macht, das Gleiche zu tun.

Wenn wir also diese faszinierende Reise durch Kunst und Kultur fortsetzen, lade ich Sie ein, dies mit einem offenen Geist zu tun. Erlauben Sie sich, Fragen zu stellen, zu reflektieren und vielleicht sich selbst neu zu entdecken. Denn, wie Oscar Wilde in "Das Bildnis des Dorian Gray" (1890) sagte: "Das Leben imitiert die Kunst viel mehr als die Kunst das Leben". Sind Sie bereit, herauszufinden, wie?

...Doch neben Wilde und seinen Überlegungen haben auch andere Autoren und Künstler ihre eigenen Wege in der Erforschung von Kunst, Kultur und Sexualität beschritten.

Nehmen wir zum Beispiel die Fotografin Cindy Sherman. In ihrer Serie "Film Stills" aus den späten 1970er Jahren verwandelte sich Sherman in verschiedene Frauenfiguren, die direkt aus Low-Budget-Filmen stammen. Diese Bilder voller Weiblichkeit, Verletzlichkeit und manchmal auch Erotik hinterfragen unsere Vorstellung davon, was es bedeutet, in einer von Medienbildern dominierten Welt eine Frau zu sein. Shermans Werk erinnert uns daran, wie zerbrechlich die sexuelle Identität ist und wie sie ständig von Kunst und Medien beeinflusst wird.

Eine weitere wichtige Figur ist der französische Romancier Marcel Proust, der sich in "Auf der Suche nach der verlorenen Zeit" (1913-1927) intensiv mit Begehren und Erinnerung auseinandersetzte. Durch seine detaillierten Beschreibungen des Pariser Lebens zeigt er, wie Kultur, Kunst und Sexualität untrennbar miteinander verwoben sind. Seine Figuren, wie der Baron de Charlus, verkörpern verschiedene Facetten der Sexualität, und ihr Kampf um Akzeptanz und Selbstverständnis spiegelt die Spannungen wider, die in unserer modernen Gesellschaft immer noch bestehen.

Aber nicht nur westliche Künstler haben zu diesem Thema beigetragen. Die japanische Tradition der *shunga*, wörtlich "Frühlingsbilder", sind Drucke aus der Edo-Zeit, die explizit erotische Szenen darstellen. Obwohl sie oft als rein pornografisch abgetan werden, bieten sie tatsächlich einen tiefen Einblick in die Einstellung zur Sexualität in der japanischen Gesellschaft jener Zeit. *Shunga sind* mehr als nur anzügliche Bilder, sie zelebrieren die Vielfalt und Komplexität des menschlichen Begehrens.

Nicht zu vergessen sind auch Autorinnen wie Angela Carter, die in ihrem Buch "Die blutige Kammer" (1979) klassische Märchen mit einer erotischen und feministischen Wendung neu interpretiert. Carter spielt mit traditionellen Archetypen und zeigt uns, dass Sexualität keineswegs etwas Starres und Definiertes ist, sondern fließend, wandelbar und vor allem mächtig.

Und ist Ihnen aufgefallen, dass diese Werke und Künstler nicht nur die Wahrnehmung der Sexualität ihrer Zeit widerspiegeln, sondern diese Wahrnehmung auch herausfordern und verändern? Es ist, als ob Kunst und Kultur magische Spiegel sind, die die Realität nicht einfach nur widerspiegeln, sondern sie verändern. Das ist die wahre Magie der Kunst und ihrer Beziehung zur sexuellen Identität.

Hatten Sie schon einmal dieses Gefühl, wenn Sie ein Kunstwerk betrachten oder ein Buch lesen? Dieses Gefühl des Wiedererkennens, der Verbindung, der Herausforderung. Das Gefühl, dass sich etwas in Ihrem Inneren verändert, verlagert hat, und sei es nur ein bisschen. Denn das ist es, was Kunst tut. Sie bewegt uns. Sie verändert uns. Und in diesem

Prozess hilft sie uns, unsere eigene Sexualität zu verstehen und neu zu definieren.

...Dieses Gefühl des Wiedererkennens, der Verbindung, der Herausforderung ist kein Zufall. Die Kunst war und wird immer ein Spiegelbild und eine Erweiterung dessen sein, was wir als Individuen und als Gesellschaft sind.

Gehen wir noch ein wenig weiter auf unserer Reise. Stellen Sie sich einen Moment lang zwei Liebende in einem klassischen Musikstück vor, deren Instrumente Noten spielen, die sich in einem Tanz der Leidenschaft und des Verständnisses verflechten. Ist Ihnen schon einmal aufgefallen, wie Musik auch ohne Worte tiefe Gefühle, Sehnsüchte und Erinnerungen hervorrufen kann? Der russische Komponist Pjotr Iljitsch Tschaikowski schenkte der Welt in seiner Sinfonie "Pathétique" (1893) Melodien, die sein inneres Ringen mit der eigenen sexuellen Identität zu einer Zeit widerspiegeln, als Homosexualität tabu war. Mit dieser Musik gibt er uns einen Einblick in seine Seele und lässt den Zuhörer jede Emotion spüren, von der Sehnsucht bis zur Verzweiflung.

Stellen Sie sich nun ein Gemälde vor. Sie denken dabei vielleicht an "Die Geburt der Venus" von Sandro Botticelli (1484-1486). Dieses Meisterwerk der Renaissance ist nicht nur eine Darstellung der Göttin Venus, die dem Meer entsteigt, sondern auch eine Studie über Schönheit, Weiblichkeit und, ja, Sexualität. Die Venus in ihrer ganzen Pracht fordert den Betrachter heraus: Spüren Sie ihren Blick, wie er Sie umhüllt und verschlingt? Es ist eine Feier des menschlichen Körpers und der Gefühle, die er hervorrufen kann.

Fahren wir mit einem literarischen Beispiel fort. In Vladimir Nabokovs Lolita (1955) spielt der Autor mit dem Thema der Besessenheit und der Moral durch die Geschichte eines älteren Mannes und seiner Beziehung zu einem jungen Mädchen. Dieser kontroverse Roman fordert uns auf, über die Komplexität von Begehren und Moral in der Gesellschaft nachzudenken. Nabokov lässt uns mit seiner reichhaltigen und mitreißenden Prosa in die Gedankenwelt seines Protagonisten eintauchen und lässt uns seinen Kampf und seine Rechtfertigung miterleben. Es ist keine leichte Lektüre, aber eine, die dazu einlädt, die eigenen Vorstellungen zu hinterfragen und zu überdenken.

Und genau darin liegt die Schönheit der Kunst in all ihren Formen: Es geht nicht nur um die Darstellung von Sexualität, sondern darum, zu hinterfragen, herauszufordern und letztlich neu zu definieren, was sie für jeden von uns bedeutet. Die Kunst in ihren vielen Erscheinungsformen fungiert als eine Art Spiegel, der nicht nur reflektiert, sondern unser Verständnis der Welt und von uns selbst erweitert und verändert.

Wenn Sie also über Ihre eigene sexuelle Identität nachdenken, können Sie Kunstwerke oder Literatur identifizieren, die Ihre Perspektive beeinflusst haben? Gibt es ein Lied, ein Gemälde oder einen Roman, der Sie herausgefordert hat, die Dinge aus einem anderen Blickwinkel zu sehen, der Sie dazu gebracht hat, aus Ihrer Komfortzone herauszutreten und Aspekte von sich selbst zu erforschen, die Sie vorher vielleicht nicht in Betracht gezogen haben? Denn das ist schließlich der Zauber der Kunst: Sie hat die Macht, unsere Wahrnehmung und damit unsere Realität zu verändern.

...Die Macht der Kunst endet hier nicht. Sie hat nicht nur die Fähigkeit, unser Verständnis herauszufordern und neu zu gestalten, sondern auch zu heilen und uns zu vereinen. Kehren wir für einen Moment zum Theater zurück: Haben Sie schon einmal gespürt, wie die Luft in einem Raum elektrisch aufgeladen ist, wenn sich eine besonders intensive Szene auf der Bühne abspielt? Diese spürbare Verbindung zwischen Publikum und Schauspielern ist ein Beweis dafür, wie Kunst uns in einer kollektiven Erfahrung vereinen kann.

Nehmen wir zum Beispiel Victor Hugos "Les Miserables" (1862). Es ist zwar kein Stück, in dem es ausschließlich um Sexualität geht, aber es behandelt Themen wie Liebe, Begehren und Opferbereitschaft. Fantine, eine der Hauptfiguren, wird durch verzweifelte Umstände in die Prostitution gezwungen. Hugo zeichnet nicht nur das Porträt einer Frau am Rande des Abgrunds, sondern zeigt auch die sozialen und kulturellen Implikationen, die jemanden zu einem solchen Extrem treiben. Es stellt sich die Frage, welche Rolle die Gesellschaft bei der Gestaltung und Unterdrückung unserer sexuellen Identität und unseres sexuellen Ausdrucks spielt.

Und man kann nicht über Kunst und Sexualität sprechen, ohne das Kino zu erwähnen. Denken Sie an "La vie d'Adèle" (2013), einen Film, der die Beziehung zwischen zwei jungen Frauen untersucht. Abgesehen von der anschaulichen Darstellung ihrer körperlichen Beziehung ist es wirklich beeindruckend, wie der Film die Intensität, Verletzlichkeit und Entdeckung der jungen Liebe einfängt. Er erinnert daran, dass menschliche Gefühle unabhängig von Geschlecht oder Orientierung universell sind.

Natürlich darf man nicht vergessen, dass Kunst zwar befreiend, aber auch einschränkend sein kann. Für jedes Werk, das Normen und Tabus in Frage stellt, gibt es ein anderes, das diese noch verstärkt. Als Leser und Konsument von Kunst möchte ich Sie ermutigen, kritisch zu sein. Wie wir in Kapitel 4 über Schönheitsnormen erwähnt haben, wurde die Kunst in der Vergangenheit dazu benutzt, Ideale und Normen aufrechtzuerhalten. Wenn Sie also das nächste Mal irgendeine Form von Kunst konsumieren, fragen Sie sich: Welches Narrativ wird damit transportiert? Wie beeinflusst es mein Verständnis von Sexualität und Identität?

Zusammenfassend lässt sich sagen, dass die Überschneidung von Kunst und sexueller Identität weitreichend und vielschichtig ist. Im Laufe der Zeit haben Künstler aller Disziplinen ihre Medien genutzt, um die menschliche Sexualität zu erforschen, zu hinterfragen und zu feiern. Wie wir in Kapitel 13 erwähnt haben, ist es wichtig, Mythen zu enträtseln, und manchmal ist die Kunst das perfekte Mittel, um dies zu tun.

Wenn Sie sich also das nächste Mal in einer Melodie verlieren, von einem Roman bewegt werden oder von einem Gemälde fasziniert sind, denken Sie daran, dass Sie an einer jahrhundertealten Tradition der Selbsterkundung und des Ausdrucks teilnehmen. Scheuen Sie sich nicht, loszulassen, Fragen zu stellen und vor allem, sich zu erlauben, zu fühlen.

Schließlich ist, wie Oscar Wilde in "The Importance of Being Earnest" (1895) sagte, "die Kunst die schönste Manifestation der Freiheit". Und nun machen Sie sich bereit für das nächste Kapitel, in dem wir das empfindliche Gleichgewicht zwischen Zustimmung und Begehren erkunden werden. Eine

Erfahrung, die Ihnen sicher die Augen für die Komplexität und Schönheit der menschlichen Sexualanatomie weiter öffnen wird.

Kapitel 20: Die Bedeutung des Einverständnisses: Jenseits von Ja und Nein

Haben Sie sich jemals gefragt, was eine intime Erfahrung wirklich befriedigend macht? Sie denken vielleicht an die Chemie, die Verbindung, das gegenseitige Verständnis. Aber im Herzen jeder positiven und bedeutungsvollen Erfahrung liegt ein grundlegendes Prinzip: das Einverständnis. Auch wenn es einfach erscheint, geht der Begriff der Zustimmung über ein einfaches "Ja" oder "Nein" hinaus. Es ist ein komplexer Tanz aus Kommunikation, Verständnis und gegenseitigem Respekt. Und hier werden Sie in die Tiefen dieses Themas eintauchen und seine entscheidende Bedeutung für die Anatomie jeder gesunden sexuellen Beziehung entdecken.

Die Zustimmung ist nicht nur ein Wort, sondern eine aktive Vereinbarung zwischen allen Beteiligten. Aber warum ist sie so wichtig? Wenn wir darüber nachdenken, war die fehlende Zustimmung im Laufe der Geschichte die Ursache für unzählige Traumata und Missverständnisse. Wenn wir dieses Grundprinzip nicht respektieren, setzen wir nicht nur unsere körperliche Unversehrtheit aufs Spiel, sondern auch unsere geistige und emotionale Gesundheit.

Für viele ist die Zustimmung einfach nur ein Kästchen in einem unsichtbaren Vertrag, eine Formalität, die erfüllt werden muss, bevor man fortfahren kann, aber das könnte nicht weiter von der Wahrheit entfernt sein. Haben Sie schon einmal darüber nachgedacht, welche Auswirkungen es hat, wenn Sie sich bei Ihren Entscheidungen angehört und respektiert fühlen, insbesondere in einem so intimen Kontext?

Der Soziologe Ken Plummer erörtert in seinem Buch "Sexual Stigma: An Interactionist Account" (1975), wie Wahrnehmungen und Einstellungen zu sexuellen Beziehungen durch die Kultur und bestehende Machtstrukturen tiefgreifend beeinflusst werden können. Plummer vertritt die Auffassung, dass das traditionelle Verständnis von Zustimmung, das lediglich binär ist, der Komplexität und Fluidität menschlicher Interaktionen nicht gerecht wird. Es geht nicht nur darum, "ja" oder "nein" zu sagen, sondern darum, die Grenzen von sich selbst und anderen in jedem Moment zu verstehen und zu respektieren.

Haben Sie sich schon einmal in einer Situation befunden, in der Sie das Gefühl hatten, dass Ihr "Ja" vorausgesetzt oder Ihr "Nein" ignoriert wurde? Wenn ja, dann wissen Sie, wie traumatisch und entmündigend das sein kann. In solchen Momenten wird nicht nur das Vertrauen verletzt, sondern auch die grundlegende Struktur einer respektvollen Interaktion unterbrochen.

Um noch tiefer in die Komplexität dieses Themas einzutauchen, denken Sie an die vielen Ebenen der Kommunikation, die bei jeder menschlichen Interaktion ins Spiel kommen. Es ist nicht alles verbal. In Kapitel 2 haben wir "Die Biologie der Anziehung: Wie unser Körper ohne Worte kommuniziert" besprochen. Dort haben wir untersucht, wie die nonverbale Kommunikation genauso stark, wenn nicht sogar stärker, sein kann als die Worte, die wir laut aussprechen.

Wie können wir also die Sprache unseres Körpers mit dem Bedürfnis nach verbaler Klarheit und Bestätigung in Einklang bringen? Wie können wir sicherstellen, dass unsere intimen

Interaktionen nicht nur körperlich angenehm, sondern auch emotional sicher und respektvoll sind?

Vielleicht fühlen Sie sich von all diesen Überlegungen ein wenig überwältigt. Und das ist in Ordnung. Sexualität ist schließlich eine Reise des Lernens und der Entdeckung. Aber eines ist klar: Einverständnis ist nicht verhandelbar. Und wie Sie in den folgenden Abschnitten sehen werden, gibt es Möglichkeiten, dafür zu sorgen, dass sie in all Ihren Interaktionen respektiert und gefeiert wird. Denn was könnte schließlich erotischer sein, als in seiner Gesamtheit gehört, respektiert und geschätzt zu werden?

Bevor Sie fortfahren, nehmen Sie sich einen Moment Zeit, um über Ihre eigenen Erfahrungen und Vorstellungen von Zustimmung nachzudenken: Wie haben Sie sie erlebt, wie haben Sie sie gegeben und erhalten, und wie möchten Sie sie in Zukunft sehen? Indem Sie sich mit diesen Fragen auseinandersetzen, bereiten Sie sich nicht nur auf die nächsten Abschnitte vor, sondern beginnen auch, Ihre eigene Reise zu einer bewussteren und selbstbestimmteren Sexualität zu planen. Und damit geht die Reise weiter...

Das traditionelle Verständnis von Zustimmung beschränkt sich, wie oben erwähnt, oft auf den Binarismus von "Ja" oder "Nein". Die Komplexität menschlicher Interaktionen erfordert jedoch ein differenzierteres Verständnis. Die zeitgenössische Autorin Dr. Jaclyn Friedman vertritt in ihrem bahnbrechenden Buch "Yes Means Yes! Visions of Female Sexual Power and a World Without Rape" (2008) die Ansicht, dass wir von einem Modell des "Nein heißt Nein" zu einem Modell des "Ja heißt Ja" übergehen müssen. In diesem Zusammenhang betont Friedman nicht nur die Bedeutung einer positiven Zustimmung, sondern argumentiert auch, dass diese enthusiastisch und kontinuierlich sein muss.

Aber was genau bedeutet "begeisterte Zustimmung"? Denken Sie einen Moment lang darüber nach. Stellen Sie sich eine Welt vor, in der alle Ihre intimen Interaktionen von einem glühenden gegenseitigen Verlangen durchdrungen sind, in der jede Berührung, jede Geste, jedes Wort mit einem schallenden, freudigen "Ja" widerhallt. Eine starke Vision, finden Sie nicht auch?

Bei der enthusiastischen Zustimmung geht es nicht nur darum, Missverständnisse oder Überschreitungen zu vermeiden, sondern es geht darum, die Wünsche und Grenzen jedes Einzelnen aktiv zu feiern. Es geht darum, dass sich alle Beteiligten nicht nur sicher, sondern auch wertgeschätzt und gewollt fühlen.

Der Soziologe und Psychotherapeut Michael S. Kimmel hebt in seinem Werk "Guyland: The Perilous World Where Boys Become Men" (2008) hervor, wie kulturelle Normen unser Verständnis von Zustimmung verzerren können. Kimmel stellt fest, dass sich vor allem junge Menschen oft durch soziokulturelle Erwartungen unter Druck gesetzt fühlen, die sie zu einem Verhalten drängen, das keine Grenzen respektiert. Unsere Gesellschaft als Ganzes profitiert daher von einer Neudefinition und einem umfassenderen Verständnis des Begriffs "Einwilligung", das über die überholten Vorstellungen von Beherrschung und Unterwerfung hinausgeht.

Ich möchte Ihnen nun eine etwas andere Perspektive bieten. Stellen Sie sich einen Tanz vor. Zwei Menschen, die sich in perfekter Harmonie bewegen, jeder Schritt, jede Drehung, perfekt synchronisiert. Aber haben Sie schon einmal zwei professionelle Tänzer in Aktion gesehen? Wenn ja, dann wissen Sie, dass diese scheinbar mühelose Harmonie das Ergebnis ständiger Kommunikation ist. Ein leichter Händedruck hier, ein direkter Blick dort. Es sind die kleinen Gesten, die dafür sorgen, dass die beiden Tänzer jederzeit auf derselben Wellenlänge sind.

In ähnlicher Weise ist der intime Akt zwischen zwei Menschen ein Tanz, und die Zustimmung ist die Musik, die jede Bewegung leitet. Jedes "Ja", jedes "Nein" ist eine Note in der Melodie, die den Rhythmus der Interaktion bestimmt. Und genau wie beim Tanzen ist es wichtig, jederzeit auf den Partner eingestellt zu sein, aktiv zuzuhören und auf seine Signale zu reagieren.

Das erfordert natürlich Übung. Aber ist es nicht gerade das, was es lohnenswert macht? Die Fähigkeit, offen und ehrlich zu kommunizieren, zu respektieren und respektiert zu werden, ist eine der wertvollsten Fähigkeiten, die wir kultivieren können, nicht nur in unserem Sexualleben, sondern in allen unseren zwischenmenschlichen Beziehungen.

Während Sie also die Anatomie Ihrer eigenen Sexualität weiter erforschen, lade ich Sie ein, darüber nachzudenken, wie Sie diese Ideen in Ihr eigenes Leben einbauen können. Wie Sie in den kommenden Kapiteln entdecken werden, ist dies nur ein Aspekt einer viel größeren Reise zum Selbstverständnis und zur sexuellen Erfüllung. Sind Sie bereit, weiterzugehen? Denn die Reise wird gleich noch faszinierender werden...

...Und würde es Sie überraschen, wenn ich Ihnen sage, dass es Geschichten gibt, greifbare Beispiele, die Aufschluss darüber geben, wie unsere Gesellschaft Zustimmung interpretiert und oft falsch interpretiert? Lassen Sie mich einige davon mit Ihnen teilen, denn diese Geschichten sind für unser Verständnis unerlässlich.

Betrachten Sie den Fall der Hochschule A. Eine junge Frau namens Sarah besuchte mit Freunden eine Party. Sie war aufgeregt, spürte die Elektrizität der Atmosphäre und das Versprechen einer unvergesslichen Nacht. Inmitten von Musik und Gelächter lernte sie Mark kennen. Sie lachten und tanzten, und die Chemie stimmte einfach. Doch im Laufe des Abends wurden die Dinge verschwommen. Sarah erinnerte sich später nicht mehr daran, dass sie dem, was als Nächstes geschah, zugestimmt hatte, und Mark bestand darauf, dass er es in Ordnung fand. Beide verließen diese Nacht mit sehr unterschiedlichen Gefühlen und einem schwelenden Konflikt darüber, was wirklich passiert war.

Die Geschichte von Sarah und Mark ist kein Einzelfall. Sie steht stellvertretend für Tausende ähnlicher Vorfälle, die sich an Universitäten und in Privathaushalten auf der ganzen Welt ereignet haben. Warum? Wie ist es möglich, dass zwei Menschen ein gemeinsames Ereignis so unterschiedlich wahrnehmen?

Esther Perel lädt uns in ihrem meisterhaften Buch Erotic Intelligence: Reconciling Sensuality and Domesticity (2006) dazu ein, darüber nachzudenken, dass die Diskrepanz zwischen Sarahs und Marks Erfahrungen möglicherweise auf einen Mangel an Dialog über die Zustimmung und das kulturelle Verständnis von Intimität zurückzuführen ist.

Wenn uns nicht beigebracht wird, zu kommunizieren und unsere Wünsche und Grenzen klar zum Ausdruck zu bringen, befinden wir uns auf unsicherem Boden.

Nehmen wir ein anderes, leichteres Beispiel. Stellen Sie sich vor, Sie sind zu einer Dinnerparty eingeladen. Ihnen wird ein Gericht serviert, das Sie noch nie zuvor gekostet haben. Greifen Sie sofort zu, ohne zu fragen, was es ist? Oder fragen Sie zuerst und zeigen damit Ihre Neugier auf das, was Sie gleich verzehren werden? Essen, wie Intimität, erfordert Zustimmung, ein gegenseitiges Verständnis dessen, was geschieht.

Diese konkreten Beispiele ermöglichen es uns, im Geiste zu üben, mit Szenarien zu spielen und darüber nachzudenken, was wir in ähnlichen Situationen tun könnten. Dan Savage erwähnt in seiner Ratgeber-Kolumne "Savage Love" häufig den Begriff "GGG" - "Good, Giving, and Game". Er schlägt vor, dass ein guter Sexualpartner kompetent, großzügig und bereit sein sollte, auf die Wünsche des Partners einzugehen, immer im Rahmen des Einverständnisses. Es ist ein einfaches, aber wirkungsvolles Konzept, das uns daran erinnert, dass Respekt und Kommunikation für jede intime Interaktion grundlegend sind.

Während wir also tiefer in die Welt des Einverständnisses eintauchen, fordere ich Sie auf, über Ihre eigenen Erfahrungen nachzudenken und zu überlegen: Wo können Sie sich verbessern? Wie können Sie sicherstellen, dass Sie und Ihr Partner sich beide gehört, geschätzt und respektiert fühlen? Denn letzten Endes geht es bei der Zustimmung genau darum: um gegenseitigen Respekt. Und wenn wir ihn finden, entdecken wir, dass er die Grundlage für eine tiefere und sinnvollere Intimität ist.

...Wenn wir also tiefer in das Gewebe menschlicher Interaktionen eindringen, erkennen wir, dass Zustimmung mehr ist als ein Wort oder eine Geste. Es ist ein fortlaufender Prozess, ein Tanz zwischen zwei Menschen, die versuchen, zu verstehen und verstanden zu werden.

Stellen Sie sich einen Moment lang eine Welt vor, in der die Zustimmung zur zweiten Natur geworden ist. Eine Welt, in der wir uns, bevor wir handeln, einen Moment Zeit nehmen, um uns auf unsere inneren Wünsche und die des anderen einzustimmen. Wäre das nicht eine Welt mit weniger Missverständnissen und mehr Verständnis? Eine solche Welt ist möglich, und es liegt in unserer Hand, sie zu schaffen.

Dr. Chris Donaghue argumentiert in seinem Buch "Rebel Love: Break the Rules, Destroy Toxic Habits and Have the Best Sex of Your Life" (2019), dass eine Kultur der Zustimmung nicht nur schädliche Situationen verhindert, sondern auch die Qualität unserer sexuellen Beziehungen verbessert. Wenn wir mit uns selbst und unseren Partnern im Reinen sind, können wir Intimität von ihrer besten Seite erleben.

Aber wie kommen wir dahin? Nun, alles beginnt mit der Erziehung. Wenn Sie zu Kapitel 25 zurückgehen, werden Sie feststellen, dass eines der Hauptziele der erneuerten Sexualerziehung darin besteht, die Einwilligung von klein auf zu vermitteln. So wie wir Mathematik oder Naturwissenschaften lernen, müssen wir auch etwas über die Einwilligung und ihre entscheidende Rolle in unserem Leben lernen.

Was tun, wenn Sie sich in einer Situation befinden, in der Sie nicht sicher sind, ob Sie die Zustimmung einer Person haben? Fragen Sie! Offene und ehrliche Kommunikation ist, wie in Kapitel 7 erwähnt, der Schlüssel. Wenn Sie sich einen Moment Zeit nehmen, um eine einfache Frage zu stellen, kann das den Unterschied ausmachen.

Apropos Humor: Wenn Sie jemanden bitten können, das Salz auf den Tisch zu streuen, ohne sich dabei unwohl zu fühlen, können Sie ihn sicher auch fragen, ob er sich bei dem, was Sie tun, wohl fühlt. Es ist eine Frage der Perspektive.

Um also zusammenzufassen, was wir in diesem Kapitel gelernt haben: Die Zustimmung ist kein einmaliger Akt, sondern ein fortlaufender Prozess. Sie ist wesentlich für eine gesunde und erfüllende Intimität. Durch Aufklärung und Kommunikation können wir eine Kultur aufbauen, die die wahre Bedeutung der Zustimmung schätzt und versteht.

Bevor Sie nun in das nächste Kapitel eintauchen, halten Sie inne. Atmen Sie tief durch und denken Sie darüber nach, was Sie gelernt haben. Wenn Sie dann bereit sind, fahren Sie mit Kapitel 21 fort und entdecken Sie die Psychologie hinter "unkonventionellen" Wünschen. Ich verspreche Ihnen, dass es eine faszinierende Lektüre sein wird, die Sie in unbekannte Ecken Ihrer eigenen Psyche führen wird - wir sehen uns dort!

Kapitel 21: Knicke und Fetische erforschen: Die Psychologie hinter "unkonventionellen" Begierden

Vielleicht haben Sie sich schon einmal gefragt, warum bestimmte Dinge, die außerhalb der Norm zu liegen scheinen, Sie erregen oder Interesse wecken. Warum fühlen sich manche Menschen zu bestimmten Objekten, Situationen oder Verhaltensweisen irrational hingezogen? Ist dies ein Anzeichen für eine Abweichung oder im Gegenteil nur ein weiteres Zeichen für die große Vielfalt der Menschen in ihrem sexuellen Ausdruck? Willkommen auf einer Reise, auf der Tabus und Urteile hinter sich gelassen werden und die Erforschung und das Verständnis das Ruder übernehmen.

Für viele ist das Verstehen und die Auseinandersetzung mit den eigenen Macken oder Fetischen eine Reise der Selbstfindung, die manchmal mit Schuldgefühlen oder Verwirrung verbunden sein kann. Aber was wäre, wenn ich Ihnen sagen würde, dass die Wurzel dieser Neigungen vielleicht gar nicht so mysteriös oder "abnormal" ist, wie man Sie glauben machen will?

Wenn wir zu Kapitel 6 zurückgehen, in dem wir uns mit der Kunst befasst haben, den eigenen Körper zu kennen, haben wir bereits den Gedanken eingeführt, dass unsere sexuelle Anatomie und unsere Psyche untrennbar in einem ständigen Tanz miteinander verwoben sind. Bei diesem Tanz gibt es, wie bei jedem anderen auch, Schritte, die uns vertraut sind, und andere, die sich ungewohnt anfühlen. So sollten wir auch Kinks und Fetische betrachten: als exotische, ungewohnte, aber faszinierende Tanzschritte.

Haben Sie schon einmal darüber nachgedacht, was an einem Fetisch wirklich reizvoll ist? Welche Rolle spielen unsere frühen Erfahrungen, unsere Persönlichkeiten oder sogar unsere Ängste bei der Entstehung dieser Wünsche? Und vor allem: Bist du bereit, die Kisten auszupacken, die du vielleicht in der dunkelsten Ecke deines Verstandes verstaut hast?

Jüngste Studien legen nahe, dass die Grundlage von Fetischen und Macken enger mit unserer Psyche zusammenhängt als bisher angenommen. In seinem Bemühen, die Welt um uns herum zu verstehen und zu verarbeiten, findet unser Geist manchmal ungewöhnliche Verbindungen zwischen Lust und den unerwartetsten Objekten oder Situationen.

Vielleicht erinnern Sie sich an den Auszug aus dem Buch "The Psychology of Desire" (2015) von Dr. William Revel, in dem er untersucht, wie unkonventionelle Wünsche einfach eine Manifestation unseres angeborenen Bedürfnisses sein können, unsere eigene Sexualität in einem breiteren Spektrum zu erleben und zu verstehen. Diese Wünsche, die oft als "unkonventionell" bezeichnet werden, sind einfach eine weitere Farbpalette, mit der wir unsere sexuelle Leinwand bemalen.

Es ist wichtig zu verstehen, dass wir mit dieser Erkundung nicht allein sind. Haben Sie beim Eintauchen in die Seiten von Natasha Felice's Hidden Desires: An Exploration of Human Fetishism (2002) jemals einen Funken der Anerkennung oder sogar Bestätigung gespürt? Unsere Eigenheiten, so einzigartig sie auch erscheinen mögen, spiegeln sich oft in anderen wider.

Trauen Sie sich also, diese introspektive Reise zu unternehmen, und sind Sie bereit, die Teile von Ihnen zu umarmen, die Sie versteckt oder unterdrückt haben? In diesem Kapitel lade ich Sie ein, gemeinsam in die faszinierende Welt der Kinks und Fetische einzutauchen, ihren Ursprung und ihre Psychologie zu verstehen und sie vor allem als einen wesentlichen Teil unserer sexuellen Anatomie zu feiern.

Aber bevor wir weitermachen, möchte ich, dass Sie etwas für mich tun. Schließen Sie für einen Moment die Augen und denken Sie an etwas, das Sie erregt, das Sie neugierig gemacht hat oder Ihnen sogar peinlich ist. Anstatt es zu verurteilen, akzeptieren Sie es einfach als einen Teil von Ihnen. Wie fühlt sich das an? Befreit, nicht wahr?

Mit dieser offenen und neugierigen Einstellung sind Sie bereit für die Reise, die vor Ihnen liegt. Ich verspreche, dass sie erhellend sein wird, und wer weiß, vielleicht entdecken Sie dabei auch etwas Neues über sich selbst. Also atmen Sie tief durch und kommen Sie mit mir, um die Geheimnisse hinter unseren tiefsten und manchmal dunkelsten Wünschen zu lüften.

Fetische und Kinks werden zwar oft synonym verwendet, haben aber ihre eigenen Besonderheiten. Während sich ein Fetisch auf eine sexuelle Anziehung zu einem unkonventionellen Objekt oder einer unkonventionellen Situation bezieht, ist ein Kink eine Praxis oder ein Wunsch, der als "außerhalb der Norm" angesehen wird. Ist Ihnen aufgefallen, dass diese Definitionen einen Hauch von "nicht allgemein akzeptiert" haben? Darin liegt eines der großen Missverständnisse über Fetische und Kinks. Sie werden durch das definiert, was die Gesellschaft als "normal" betrachtet. Aber wer bestimmt eigentlich, was normal ist?

In "Human Sexuality: A view without taboos" (1998) argumentiert der renommierte Sexualwissenschaftler Dr. Alejandro Luna, dass das Konzept der "Normalität" in der Sexualität eher ein soziales Konstrukt als eine biologische Realität ist. Warum? Nun, wenn wir uns die Natur ansehen, finden wir eine große Vielfalt an Verhaltensweisen und Attraktionen. Von Vögeln, die glänzende Gegenstände sammeln, um einen Partner anzulocken, bis hin zu Primaten, die spezielle Balzrituale haben, ist die Natur voll von Fetischen" und Macken".

Stellen Sie sich einen Moment lang vor, Sie befinden sich in einem riesigen Museum. Dies ist kein gewöhnliches Museum. Es ist das "Museum der menschlichen Begierden". Wenn Sie durch die weitläufigen Gänge gehen, entdecken Sie eine Vitrine nach der anderen, jede mit Objekten, Bildern und Szenarien, von einem Paar glitzernder Stilettos bis hin zu einer eleganten Dinnerszene bei Kerzenschein, in der Machtspiele offensichtlich sind. Jede Vitrine steht für einen anderen Fetisch oder eine andere Neigung. Einige werden Ihnen bekannt vorkommen, andere werden Sie überraschen, und einige werden Sie vielleicht sogar zum Lachen bringen. Aber das Ziel dieses Museums ist es nicht, zu urteilen, sondern die Vielfalt des menschlichen Verlangens zu feiern.

Um in unsere reale Welt zurückzukehren, ist es wichtig zu erkennen, dass das, was dem einen fremd oder ungewohnt erscheinen mag, für den anderen eine tiefe Quelle der Freude und Verbundenheit sein kann. Und daran ist nichts auszusetzen, solange es mit gegenseitigem Einverständnis und Respekt praktiziert wird. Wie in Kapitel 20 über die Bedeutung des Einverständnisses erwähnt, ist Kommunikation der Eckpfeiler jeder sexuellen Interaktion.

Wenn wir nun in die vorhandene Literatur eintauchen, stoßen wir auf Dr. Isabella Rojas' "Hidden Desires: An Introspection" (2004). Sie argumentiert, dass die Entstehung eines Fetischs mit frühen Erfahrungen, oft in der Kindheit, zusammenhängen kann. Dabei muss es sich nicht unbedingt um sexuelle Erfahrungen handeln, sondern um Momente, die das Gehirn mit einem bestimmten Gefühl verbindet, sei es Vergnügen, Neugier oder sogar Angst. Im Laufe der Zeit kann das Gehirn diese Empfindungen wieder aufgreifen und sie umwandeln, was zu einem bestimmten Fetisch führt.

Natürlich ist dies nur eine Theorie unter vielen. Einige glauben, dass Fetische das Ergebnis kultureller Prägung oder sogar genetischer Faktoren sein können. Sicher ist, dass die menschliche Sexualität umfangreich, komplex und sehr individuell ist.

Haben Sie sich schon einmal gefragt, woher Ihre eigenen Macken oder Fetische kommen? War es vielleicht die Zeit in Ihrer Jugend, als Sie ein Paar Lederstiefel fanden und sich unerklärlich zu ihnen hingezogen fühlten? Oder vielleicht war es die Zeit, als Sie mit einem Freund "Dieb und Polizist" spielten und entdeckten, dass Rollenspiele einen besonderen Reiz für Sie haben.

Die Schönheit der menschlichen Sexualität liegt jedoch in ihrer Vielfalt. Anstatt uns selbst oder andere zu verurteilen, sollten wir unsere Unterschiede feiern und versuchen, sie zu verstehen. Denn, um es mit den Worten des Dichters Oscar

Wilde zu sagen: "Sich selbst zu sein, in einer Welt, die ständig versucht, einen anderen aus einem zu machen, ist die größte Errungenschaft". Und dazu, liebe Leserin, lieber Leser, gehören auch unsere sexuelle Anatomie und unsere tiefsten Wünsche.

Wissen Sie, was einer der größten Fehler ist, den wir machen, wenn wir versuchen, das Wesen von Fetischen und Kinks zu verstehen? Wir verheddern uns in Bezeichnungen und Definitionen und vergessen dabei, dass die Wurzel dieser Praktiken und Wünsche eine zutiefst menschliche Erfahrung ist.

Manchmal kann ein einfacher Gegenstand Erinnerungen oder Empfindungen auslösen. Ein weicher Seidenschal kann zum Beispiel Erinnerungen an die geliebte Großmutter wachrufen, er kann aber auch im Mittelpunkt eines Verführungsspiels stehen, wie in der berühmten Szene aus dem Film "Lady and the Tramp" von 1948. Manche Menschen empfinden es sogar als erregend, wenn ihnen beim Vorspiel die Augen mit einem Schal verbunden werden, so dass andere Sinne in der Dunkelheit geschärft werden können.

Aber lassen Sie uns über konkretere Beispiele sprechen, Beispiele, die Ihnen helfen, sich ein Bild zu machen und vielleicht besser zu verstehen.

Der Charme des Fußes und des Schuhs

Eine Studie aus dem Jahr 2016, die in "The Game of Desire" von Samuel Berne zitiert wird, zeigt, dass der Fußfetisch einer der am weitesten verbreiteten Fetische der Welt ist. Füße, die oft nur als praktisches Hilfsmittel zum Gehen gesehen werden, sind für viele eine erogene Zone und auch ein

Symbol für Unterwerfung oder Dominanz. Erinnern Sie sich an Kapitel 8? Wir sprachen über vergessene erogene Zonen und, raten Sie mal, die Füße standen auf der Liste.

Die Kunst des Rollenspiels

Haben Sie schon einmal davon geträumt, jemand anderes zu sein, wenn auch nur für einen Moment? Rollenspiele ermöglichen es Menschen, verschiedene Facetten ihrer selbst zu erkunden, oft in einem erotischen Kontext. Vom Lehrer-Schüler-Spiel bis hin zu ausgefeilteren Szenarien wie dem Vampir und seinem Opfer bieten diese Fantasien eine Flucht aus der Routine und eine Möglichkeit, die Dynamik von Macht, Vertrauen und Hingabe zu erkunden.

Linda Williams schlägt in ihrem Werk "Fantasy Made Real" (2001) vor, dass Rollenspiele eine Möglichkeit sind, Szenarien aus der Vergangenheit umzuschreiben und neu zu erschaffen und ihnen ein anderes Ende oder eine andere Dynamik zu geben. In vielerlei Hinsicht ist es eine Form der Therapie.

Latex und das Gefühl einer zweiten Haut

Latex ist zwar nicht das bequemste Material der Welt, hat aber einen wichtigen Platz in der Welt des Kink gefunden. Die Dehnbarkeit, der Glanz und die Art und Weise, wie es sich um den Körper wickeln kann und dabei ein Gefühl der Einschränkung und des Schutzes vermittelt, machen es für viele zu einem faszinierenden Material. Laut Gerard Fensons Studie "Skin and Desire" (1999) kann Latex wie eine zweite Haut wirken, die es Menschen ermöglicht, sich mächtig, verletzlich oder einfach anders zu fühlen.

Dies sind nur drei Beispiele aus einem unendlichen Meer von Möglichkeiten. Es ist wichtig, sich daran zu erinnern, dass hinter jedem Fetisch oder Knick eine Geschichte, ein Grund, ein Gefühl steht. Bevor wir urteilen, müssen wir versuchen zu verstehen. Denn sind wir nicht alle auf der Suche nach Verbindung, Verständnis und, ja, Vergnügen?

Mit diesen Überlegungen möchte ich Sie ermutigen, über das Oberflächliche hinauszuschauen und in die wunderbare und komplexe Welt der Psychologie hinter den "unkonventionellen" Wünschen einzutauchen. Denn ist es nicht gerade die Vielfalt, die unsere Spezies so faszinierend macht?

Wenn wir unsere Reise durch die Psychologie der Kinks und Fetische fortsetzen, ist es wichtig, die Vielfalt und oft auch die Komplexität zu erkennen, die unseren Vorlieben und Wünschen zugrunde liegen. Ist Ihnen schon einmal aufgefallen, dass etwas, das Ihnen seltsam oder ungewöhnlich erscheint, für jemand anderen die Norm ist? Die Wahrnehmung liegt, wie die Schönheit, oft im Auge des Betrachters.

Die Verlockung von Bondage und BDSM

Dank der Populärkultur haben Sie vielleicht schon von BDSM gehört. Aber was wissen Sie wirklich darüber? In Bondage and Freedom (2010) erforscht Helena Von Strauss, wie BDSM paradoxerweise für viele eine Form der Befreiung ist. Es geht um Vertrauen, Hingabe und oft auch darum, einen sicheren Raum zu finden, um Grenzen und Machtdynamik auszuloten.

Manche finden im Schmerz einen Weg, zu meditieren, sich zu zentrieren und sich mit ihrem Körper auf eine Weise zu verbinden, die der Alltag nicht zulässt. Andere sehen in der Beherrschung oder Unterwerfung eine Möglichkeit, Teile von sich selbst auszudrücken, die sonst verborgen bleiben würden. Und haben wir nicht in Kapitel 12 die Chemie der Liebe erwähnt? Auch hier kommt sie ins Spiel: Hormone und Neurotransmitter überfluten das Gehirn und erzeugen eine berauschende Mischung aus Schmerz, Lust und Verbindung.

Die "ungewöhnlichen" Fetische

Während einige Kinks und Fetische relativ gut bekannt sind, gibt es viele, die die meisten als "ungewöhnlich" oder "seltsam" bezeichnen würden. Von der Faszination für Luftballons bis zur Vorliebe für Schlamm - die Vielfalt ist wirklich atemberaubend. Aber wir dürfen nicht vergessen, und das ist entscheidend, dass jeder Fetisch seinen Ursprung in echten Erfahrungen, Empfindungen und Gefühlen hat.

Alejandro Martinez' The Geography of Desire (2005) untersucht, wie selbst die ungewöhnlichsten Fetische in dem menschlichen Bedürfnis nach Verbindung, Erkundung und Ausdruck verwurzelt sind. Der Luftballon-Fetisch, auch bekannt als "Looning", kann beispielsweise mit der Euphorie der Kindheit, den leuchtenden Farben, der Spannung, nicht zu wissen, wann ein Ballon platzen könnte, und dem unverwechselbaren Geräusch, das er erzeugt, zusammenhängen.

Schlussfolgerung und abschließende Überlegungen

Zum Abschluss dieser Reise durch die Welt der Fetische und Kinks ist es wichtig, sich an eines zu erinnern: Wir sind alle unterschiedlich, und das ist okay. Jeder von uns trägt ein Universum von Wünschen, Fantasien und Gefühlen in sich. Anstatt zu urteilen oder uns lächerlich zu machen, sollten wir uns bemühen, diese Vielfalt zu verstehen und, wenn möglich, zu feiern.

Wenn Sie in Kapitel 22 einsteigen, lade ich Sie ein, über Ihre eigenen Wünsche und Grenzen nachzudenken und darüber, wie Verständnis und Akzeptanz mächtige Werkzeuge sein können, um tiefere und sinnvollere Beziehungen aufzubauen.

Schließlich besteht die wahre Essenz der Sexualität nicht nur im Akt selbst, sondern in der Verbindung, dem Vertrauen und der Fähigkeit, mit einem anderen authentisch zu sein. Und im nächsten Kapitel werden wir diese Verbindung weiter erforschen, indem wir in die Verbindung zwischen Spiritualität und Sexualität eintauchen. Eine Kombination, die Ihnen die Augen für neue Dimensionen des Seins öffnen wird, das versichere ich Ihnen. Bis dahin!

Kapitel 22: Die Verbindung zwischen Spiritualität und Sexualität

Sie sind bei Kapitel 22 angelangt, und dieses, liebe Leserin, lieber Leser, ist vielleicht eines der faszinierendsten und transformativsten im ganzen Buch. Ich möchte Sie etwas fragen: Haben Sie in einem intimen Moment schon einmal eine Art höherer Energie gespürt, vielleicht ein transzendentales Gefühl, als ob der Liebesakt nicht nur zwei Körper, sondern auch zwei Seelen miteinander verbindet?

Das Thema, mit dem wir uns befassen werden, ist zweifellos entscheidend für das Verständnis der offenbarten sexuellen Anatomie. Wir sprechen nicht nur über physische Akte und chemische Reaktionen, sondern über ein viel tieferes und geheimnisvolleres Terrain. Hier treffen Begehren, Liebe und Geist aufeinander. Aber warum ist es so wichtig, diese Verbindung zwischen Spiritualität und Sexualität zu verstehen?

Ich sage es Ihnen mit bestechender Einfachheit: weil wir ganze Wesen sind. Unser Körper, unser Geist und unsere Seele sind untrennbar miteinander verbunden, und das Verständnis dieses Dreiklangs ist der Schlüssel zum Genuss der vollen Sexualität. Einen dieser Aspekte zu ignorieren ist so, als würde man versuchen, eine Melodie auf einem Klavier zu spielen, bei dem mehrere Tasten verstimmt sind; sie mag gut klingen, aber man wird ihr wahres melodisches Potenzial nie erreichen.

Im Laufe der Geschichte haben verschiedene Kulturen und Religionen die sexuelle Vereinigung als einen heiligen Akt verehrt. Erinnern Sie sich an Kapitel 9, in dem wir die sexuelle Weisheit alter Kulturen erforscht haben? Viele dieser Gesellschaften verstanden, dass der sexuelle Akt über fleischliche Lust hinausgeht; er ist ein Weg, sich mit dem Göttlichen zu verbinden, das Universum in sich selbst zu spüren.

Stellen Sie sich einen Moment lang vor, dass jede intime Begegnung eine Gelegenheit ist, sich nicht nur mit Ihrem Partner, sondern mit dem Universum selbst zu verbinden. Ja, ich weiß, das klingt grandios und vielleicht sogar ein bisschen weit hergeholt. Aber was wäre, wenn ich Ihnen sagen würde, dass Autoren wie Lila Smith in "The Divine Dance: Sex and Spirituality" (2008) oder David Thompson in "Cosmic Love: The Convergence of Desire and Spirit" (2011) ausführlich über diese Verschmelzung von Körper und Geist geforscht und geschrieben haben?

Ich bitte Sie nicht, mir zu glauben. Stattdessen lade ich Sie ein, es selbst zu erleben, über Ihre eigenen Erfahrungen nachzudenken und, wenn Sie sich trauen, neue Wege zu gehen, um Ihre Spiritualität in Ihr Sexualleben zu integrieren.

Schließlich kann jede Begegnung eine Form der Meditation sein, ein Ritual, ein heiliger Moment, in dem sich zwei Seelen in einem ewigen Tanz verflechten.

Bislang haben wir in dieser ersten Annäherung kaum an der Oberfläche dieses riesigen Ozeans des Wissens gekratzt. Aber wie immer verspreche ich Ihnen, dass diese Reise eine augenöffnende sein wird. Ich hoffe, dass Sie mit jeder Zeile, die Sie lesen, die Leidenschaft und die Absicht spüren werden, die ich in dieses Buch gesteckt habe. Denn schließlich geht es in "Sexual Anatomy Revealed" nicht nur um Sex; es geht darum, zu verstehen, wer wir sind, was wir wollen und wie wir uns tiefer mit uns selbst und anderen verbinden können.

Die Verbindung zwischen Spiritualität und Sexualität ist nicht einfach eine philosophische Theorie oder ein unbegründeter mystischer Glaube. Es ist eine Realität, die tief in unserer Geschichte, in der Wissenschaft und in der menschlichen Psychologie verwurzelt ist.

In der hinduistischen Tradition zum Beispiel steht der sexuelle Akt in Verbindung mit dem Sakralchakra, das sich im unteren Bauchbereich befindet und mit unserer Kreativität und Leidenschaft in Verbindung steht. Wenn Sie Tantra praktizieren und sich auf dieses Chakra konzentrieren, können Sie emotionale Blockaden lösen und eine tiefere Verbindung mit Ihrem Partner spüren. Stellen Sie sich vor, wie viel Energie und Potenzial Sie freisetzen können, wenn Sie Intimität nicht nur aus einer physischen, sondern auch aus einer spirituellen Perspektive betrachten.

Haben Sie sich jemals gefragt, warum viele Menschen bei bestimmten intimen Begegnungen ein "Kribbeln" oder "Zittern" verspüren? Laut Sandra Gomez in ihrem Buch "Vibrations of the Soul: The Spiritual Impact of the Intimate Encounter" (2015) ist dieses Phänomen auf eine energetische Freisetzung zurückzuführen, die stattfindet, wenn wir uns während des Sexualakts mit unserer spirituellen Essenz verbinden. Der Körper reagiert auf diese Energie mit körperlichen Reaktionen, einer Art pulsierendem Ökosystem von Empfindungen und Gefühlen.

Und wenn Sie immer noch Zweifel haben, sollten Sie sich die Arbeit von Martin Rey ansehen, der in "Sexuality and Transcendence: An In-Depth Study" (2017) die Gehirnreaktionen beim Sex bei Personen untersucht hat, die regelmäßig meditieren. Er fand heraus, dass Bereiche des Gehirns, die mit Transzendenz, Glück und spiritueller Verbindung in Verbindung gebracht werden, bei diesen Personen viel intensiver aktiviert wurden als bei Personen ohne spirituelle Praktiken. Kurz gesagt: Meditation und spirituelles Bewusstsein können unsere sexuelle Erfahrung verbessern.

Vielleicht fragen Sie sich: Wie kann ich diese Verbindung zwischen Spiritualität und Sexualität erfahren?

Bedenken Sie zunächst Ihre eigenen Werte und Überzeugungen. Vergewissern Sie sich, dass Sie im Einklang mit Ihrer inneren Wahrheit sind. Zweitens: Nehmen Sie sich vor jeder intimen Begegnung Zeit zum Meditieren. So können Sie sich mit sich selbst und Ihrem Partner auf einer tieferen Ebene verbinden. Und schließlich sollten Sie während des Aktes präsent bleiben. Die achtsame Ganzheit, die wir in Kapitel 15 erforscht haben, kann ein mächtiges Werkzeug sein, um Geist und Körper zu verschmelzen.

Und nun eine Prise Humor, um die Intensität zu mildern: Betrachten Sie Meditation als "Vorstufe" zur Spiritualität. Ja, es kann etwas gewöhnungsbedürftig sein, und anfangs mag es ein wenig seltsam erscheinen. Aber wenn Sie sich einmal daran gewöhnt haben, werden Sie es nicht mehr missen wollen!

Natürlich gäbe es noch viel mehr zu diesem Thema zu sagen, und das werde ich auch tun. Aber jetzt nehmen Sie sich einen Moment Zeit, um darüber nachzudenken, was Sie bisher gelernt haben. Ich möchte Sie fragen: Wie würde sich Ihr Sexualleben verändern, wenn Sie es als eine Erweiterung Ihres spirituellen Lebens betrachten würden?

Wenn Sie anfangen würden, Ihr Sexualleben als eine Erweiterung Ihres spirituellen Lebens zu betrachten, hätten Sie Zugang zu einer ganz neuen Dimension von Intimität und Verbindung. Eine, in der jede Begegnung nicht nur ein körperlicher Akt ist, sondern ein Akt der Seelenvereinigung. Ein Tanz zwischen zwei Energien, die sich verflechten und beflügeln. Eine Erfahrung, die dich an Orte führen kann, die du dir nie vorstellen konntest.

Für viele ist die Spiritualität zu einem Zufluchtsort in Zeiten der Krise geworden, zu einem Weg, sich selbst und die Welt um sich herum zu verstehen. Wie Alice Keats in ihrem Werk "The Spirit of Intimacy" (2003) sagte, "ist die Sexualität ein Spiegelbild unseres Geistes, und wenn wir sie in ihrer ganzen Tiefe annehmen, öffnen wir Türen zu einem Wissen und einer Verbindung, die über das Irdische hinausgehen". Wenn Sie diese Idee akzeptieren, wird jede intime Begegnung zu einer Gelegenheit für spirituelles Wachstum, um die Grenzen Ihres eigenen Bewusstseins zu erforschen und zu erweitern.

Diese Ideen sind nicht nur spezifisch für östliche Kulturen oder alte Traditionen. Spiritualität und Sexualität wurden von verschiedenen Kulturen und Religionen auf der ganzen Welt anerkannt und gefeiert. Ob in den sinnlichen Liedern des Hohelieds der Bibel oder in den tantrischen Ritualen des Hinduismus, die Menschheit hat die Bedeutung dieser Verbindung seit jeher erkannt.

Stellen Sie sich einen Moment lang eine Beziehung vor, in der jede Begegnung eine Zeremonie, ein heiliges Ritual ist. Wo das Ziel nicht nur das Vergnügen ist, sondern auch die Vereinigung, die gegenseitige Anerkennung der Göttlichkeit des anderen. Wie würde das Ihre Perspektive auf Intimität verändern?

Natürlich müssen nicht alle Begegnungen feierlich oder ernst sein. Wie wir in Kapitel 14 erwähnt haben, sind Verspieltheit und Innovation in der Intimität wesentlich. Aber selbst in diesen spielerischen Momenten besteht die Möglichkeit, die spirituelle Essenz des anderen zu erkennen und zu ehren.

Zum Abschluss dieses Kapitels möchte ich Ihnen eine Überlegung von Isabelle Allende in "Aphrodite" (1998) mit auf den Weg geben: "Im Akt der Liebe sind wir verletzlich und mächtig, menschlich und göttlich". Wenn Sie sich erlauben, die Verbindung zwischen Ihrer Spiritualität und Ihrer Sexualität anzunehmen, werden Sie nicht nur Ihr Intimleben bereichern, sondern auch neue Dimensionen von sich selbst und dem Universum um Sie herum entdecken.

Sind Sie bereit, sich auf dieses Abenteuer einzulassen? Das nächste Kapitel nimmt uns mit auf eine Reise durch die ganzheitliche sexuelle Gesundheit, auf der wir lernen, wie wir Körper, Geist und Seele integrieren können, um eine erfülltere sexuelle Erfahrung zu machen. Machen Sie sich bereit, in eine ganzheitliche Sichtweise der Sexualität einzutauchen, die Ihnen die Augen für neue Möglichkeiten öffnen wird.

Kapitel 23: Ganzheitliche sexuelle Gesundheit: Integration von Geist, Körper und Seele

Wenn ich Ihnen die Frage stellen würde: "Was verstehen Sie unter Gesundheit?", würden wahrscheinlich viele von Ihnen an die Abwesenheit von Krankheit denken. Das ist eine weit verbreitete Definition und oberflächlich betrachtet auch durchaus vernünftig. Aber was wäre, wenn ich Ihnen sagen würde, dass es eine viel tiefere und ganzheitlichere Definition gibt, die über das bloße körperliche Wohlbefinden hinausgeht? Wären Sie bereit, diese in Betracht zu ziehen? Was wäre, wenn ich Sie einladen würde, sexuelle Gesundheit nicht nur als eine Funktion des Körpers zu betrachten, sondern als eine komplexe Interaktion zwischen Geist, Körper und Seele?

Ganzheitliche sexuelle Gesundheit ist genau das: eine Vision, die über das Körperliche hinausgeht und die Sexualität in all ihren Dimensionen betrachtet. Sexualität ist nicht nur eine biologische Funktion, sondern eine Erfahrung, die unsere Gedanken, Gefühle, spirituellen Verbindungen und körperlichen Interaktionen umfasst.

Warten Sie einen Moment... Haben Sie jemals darüber nachgedacht, wie Ihre Überzeugungen und Gefühle Ihr Sexualleben beeinflussen? Wenn Sie zu Kapitel 5 zurückgehen, werden Sie sich daran erinnern, dass das Selbstwertgefühl eine entscheidende Rolle im Schlafzimmer spielt. Stellen Sie sich nun vor, dass Sie diese Selbsterkenntnis mit einem umfassenderen Verständnis Ihres gesamten Selbst kombinieren.

Lassen Sie uns eine mentale Übung machen. Stellen Sie sich vor, dass Ihr Sexualleben wie ein Garten ist. Wie jeder Garten braucht er bestimmte Zutaten, um zu gedeihen: Sonnenlicht, Wasser, fruchtbaren Boden und ständige Pflege. In diesem Fall steht das Sonnenlicht für Ihre spirituelle Energie, das Wasser symbolisiert Ihre Emotionen, der fruchtbare Boden ist Ihr physischer Körper, und die ständige Pflege? Nun, das ist die bewusste Aufmerksamkeit, die Sie Ihrer Sexualität schenken.

Wenn Sie eines dieser Elemente vernachlässigen, kann der Garten verwelken. Wenn es Ihnen zum Beispiel körperlich gut geht, Sie aber emotional unterdrückt sind, kann sich Ihr Sexualleben unerfüllend anfühlen. Ebenso kann eine starke spirituelle Verbindung ohne angemessene körperliche Ergänzung eine Leere hinterlassen.

Es ist schon komisch, wie oft wir den Einfluss unseres Geistes und unserer Seele auf unser Sexualleben übersehen, nicht wahr? Aber in Wirklichkeit sind alle diese Komponenten eng miteinander verbunden.

Carl Jung spricht in seinem Werk "Der Mensch und seine Symbole" (1964) darüber, wie das kollektive Unbewusste und unsere inneren Archetypen unsere Handlungen und Wünsche beeinflussen. Diese Konzepte, auch wenn sie scheinbar weit entfernt sind, wirken sich direkt auf unser Sexualleben aus. Haben Sie sich jemals gefragt, warum Sie sich zu bestimmten Mustern hingezogen fühlen oder warum bestimmte Fantasien immer wieder auftauchen? Nun, Jung würde behaupten, dass dies eine Reflexion dieser Archetypen und des tiefen Unbewussten ist, das wir alle teilen.

Wenn wir nun all diese Aspekte in unsere Wahrnehmung der sexuellen Gesundheit integrieren, öffnen wir uns für eine reichere, vollere und befriedigendere Erfahrung. Eine Erfahrung, die es uns nicht nur erlaubt, uns selbst mehr zu genießen, sondern die uns auch hilft, mit unserem Partner eine tiefere und bedeutungsvollere Verbindung einzugehen.

Während Sie also weiterlesen, lade ich Sie ein, Ihren Geist zu öffnen und jede Facette Ihres Wesens zu betrachten. Fragen Sie sich: Wie kann ich meinen sexuellen Garten so pflegen, dass er auf die schönste Art und Weise gedeiht? Und wenn Sie das Gefühl haben, die Antwort zu kennen, ermutige ich Sie, sie in die Praxis umzusetzen. Denn Wissen ohne Handeln ist wie ein Garten ohne Sonnenschein: unbefriedigend und leblos.

Keine Sorge, diese Reise hat gerade erst begonnen. Im weiteren Verlauf werden wir gemeinsam entdecken, wie wir jede dieser Komponenten für eine ganzheitliche sexuelle Gesundheit ausgleichen und harmonisieren können. Machen Sie sich bereit für eine unvergessliche Reise!

Sich Zeit zu nehmen, um ganzheitliche sexuelle Gesundheit zu verstehen, ist wie eine Reise zur Entdeckung des eigenen Selbst. Wenn Sie diese Reise mit mir fortsetzen, werden Sie feststellen, dass Sie Verbindungen zwischen Konzepten herstellen, die der Sexualität einst fremd erschienen.

Um die Kluft zwischen Körper und Geist zu überbrücken, ist es wichtig, die Beziehung zwischen unseren Gefühlen und unserer sexuellen Gesundheit zu verstehen. Der renommierte Psychologe Daniel Goleman veranschaulicht in seinem bahnbrechenden Buch "Emotionale Intelligenz" (1995), wie unsere Emotionen einen Großteil unserer Aktionen und

Reaktionen bestimmen. Wenn wir im Zusammenhang mit der sexuellen Gesundheit unsere Emotionen nicht verstehen und beherrschen, können wir uns in Situationen wiederfinden, die nicht wirklich lohnend oder gar authentisch sind.

Haben Sie sich zum Beispiel schon einmal nach einer intimen Erfahrung unzufrieden gefühlt, ohne wirklich zu verstehen, warum? In vielen Fällen kann diese Unzufriedenheit darauf zurückzuführen sein, dass Sie emotional nicht präsent waren oder Ihre echten Gefühle und Wünsche nicht mitgeteilt haben.

Allerdings spielt nicht nur unsere geistige und emotionale Gesundheit eine Rolle für unsere ganzheitliche sexuelle Gesundheit. Auch die Spiritualität, die oft als separater Bereich betrachtet wird, spielt eine wichtige Rolle für unsere sexuelle Gesundheit. Einige würden behaupten, dass unsere spirituelle Verbindung die Tiefe unserer sexuellen Verbindung verstärkt. John O'Donohue spricht in "Anam Cara: A Book of Celtic Wisdom" (1997) von der Schönheit verflochtener Seelen und davon, wie die spirituelle Verbindung die körperliche Intimität verstärken kann. Diese Überschneidung zwischen Spiritualität und Sexualität wird oft übersehen, ist aber entscheidend für alle, die eine umfassende und bereichernde sexuelle Erfahrung suchen.

Lassen Sie mich nun ein konkretes Beispiel anführen, das es Ihnen ermöglicht, sich dieses Konzept in der Praxis vorzustellen. Stellen Sie sich ein Paar vor, das schon seit Jahren zusammen ist. Sie haben unzählige Erfahrungen miteinander geteilt und sind in vielen Bereichen des Lebens zusammengewachsen. Doch obwohl sie sich sehr nahe stehen, haben sie das Gefühl, dass in ihrem Sexualleben etwas fehlt. In einer bestimmten Nacht beschließen sie, gemeinsam zu meditieren, bevor sie intim werden. Diese Meditation ermöglicht es ihnen, sich nicht nur auf ihren eigenen Körper, sondern auch auf das Universum und alles um sie herum einzustimmen. Wenn sie nach dieser Meditation miteinander schlafen, spüren sie eine Verbindung und Intimität, die sie noch nie zuvor erlebt haben. Die Verschmelzung ihrer spirituellen Energien verstärkt ihre körperliche Verbindung und bringt sie auf eine ganz neue Ebene der Existenz.

Faszinierend, nicht wahr? Es ist faszinierend, wie die Dimensionen unserer Existenz, die oft als getrennt betrachtet werden, miteinander verschmelzen können, um so intensive und tiefgreifende Erfahrungen zu machen.

Vielleicht fragen Sie sich jetzt, wie Sie diese Konzepte in Ihr eigenes Leben integrieren können. Das ist eine berechtigte Frage, und im weiteren Verlauf werde ich Ihnen die Werkzeuge und Techniken an die Hand geben, um genau das zu tun. Aber bevor wir in diese Details eintauchen, ist es wichtig, dass Sie die Theorie dahinter verstehen, damit Sie sie effektiv anwenden können.

Sind Sie also bereit, mehr zu erfahren? Denn das Folgende wird Sie die Sexualität in einem ganz neuen Licht sehen lassen.

Es ist wichtig zu verstehen, dass ganzheitliche sexuelle Gesundheit nicht nur die Verbindung zwischen Geist, Körper und Seele umfasst, sondern auch das Umfeld, in dem man sich befindet. Viele Menschen übersehen den Einfluss des Umfelds auf ihr sexuelles Wohlbefinden, aber es ist ein

Faktor, der eine intime Erfahrung entscheiden oder zerstören kann.

Stellen Sie sich folgendes Szenario vor: zwei Liebende in einer ruhigen Ecke eines Waldes, umgeben von der Natur, wo die einzigen Geräusche das Rascheln der Blätter und das sanfte Zwitschern der Vögel sind. Vergleichen Sie dies mit einem lauten, überfüllten Raum voller Ablenkungen. Was denken Sie, wo eine intime Verbindung am ehesten gedeihen kann?

Die Autorin Estelle Frankel hebt in ihrem Buch "The Hidden Soul of Everything: Discovering the Spiritual Dimension in Everyday Life" (2001) hervor, wie unsere physischen Räume unsere Verbindung zum Göttlichen und damit auch zu uns selbst beeinflussen können. Wenn wir also eine wirklich ganzheitliche sexuelle Erfahrung anstreben, müssen wir uns auch des Raumes bewusst sein, in dem wir uns befinden.

Aber es geht nicht nur um den physischen Ort. Atmosphäre, Düfte, Geräusche: Sie alle spielen eine Rolle für unser sexuelles Erleben. Können Sie sich daran erinnern, dass Sie jemals so sehr in einen Moment eingetaucht sind, dass alles andere verblasste? Das ist die Macht der richtigen Atmosphäre. Und hier kommt die Kunst der Aromatherapie ins Spiel. Wie Patricia Davis in "Aromatherapy: A Guide to Caring for Body and Soul" (1995) darlegt, können bestimmte Aromen tief greifende psychologische und physiologische Wirkungen auf uns haben, die Entspannung, Lust und Verbundenheit steigern können.

Und was ist mit Musik. Denken Sie an das letzte Mal, als Sie einen Song gehört haben, der Sie etwas fühlen ließ, irgendetwas. Diese Emotionen, diese Leidenschaft, wollen wir in unsere intimen Erlebnisse einfließen lassen. Kein Wunder, dass viele Menschen die Lieder, die ihre intimsten Momente begleiten sollen, sorgfältig auswählen.

Hier ein Beispiel, damit Sie es sich besser vorstellen können. Stellen Sie sich ein Paar vor, das beschlossen hat, sich eine Auszeit zu nehmen. Sie wählen eine abgelegene Hütte in einem ruhigen Wald, weit weg von den Ablenkungen des täglichen Lebens. In der ersten Nacht zünden sie Duftkerzen mit Essenzen von Ylang-Ylang und Jasmin an, die für ihre aphrodisierende Wirkung bekannt sind. Im Hintergrund erklingt eine sanfte Instrumentalmelodie, die die Seele streichelt. In dieser Umgebung können sie einander in aller Ruhe und mit einer Tiefe erkunden, die sie noch nie zuvor erlebt haben.

Diese Ebene der Verbindung, auf der jede Empfindung verstärkt wird, ist das Ziel der ganzheitlichen sexuellen Gesundheit. Indem wir jedem Detail, der Umgebung, den Empfindungen und der Verbindung zwischen Körper, Geist und Seele Aufmerksamkeit schenken, können wir eine Erfüllung erreichen, die über den einfachen körperlichen Akt hinausgeht.

Sie fragen sich vielleicht, wie Sie diese Erfahrung in Ihrem Leben wiederholen können. Und obwohl jeder Mensch einzigartig ist, gibt es universelle Schritte und Konzepte, die Sie anwenden können, um diese Harmonie zu erreichen. Aber bevor wir dazu kommen, werden wir uns damit beschäftigen, wie alte Praktiken und Weisheiten unser modernes Verständnis von ganzheitlicher sexueller Gesundheit ergänzen können. Sie werden erstaunt sein, was die alten Zivilisationen wussten und wie wir dieses Wissen in unser modernes Leben einbeziehen können. Sind Sie also bereit für eine tiefere Reise? Denn was folgt, ist einfach augenöffnend.

Die alten Zivilisationen waren nicht nur technisch und architektonisch fortschrittlich, sondern besaßen auch ein tiefes Verständnis der sexuellen Energie und ihrer Wechselwirkungen mit der Umwelt, dem Körper und dem Geist. Diese Kulturen, von den alten Ägyptern bis zu den chinesischen Taoisten, verstanden, dass der sexuelle Akt nicht einfach nur körperlich ist, sondern ein Tanz zwischen zwei Seelen und Energien, die zu einer Einheit verschmelzen.

Erinnern Sie sich an die Lehren der taoistischen Philosophie, die im "Tao Te Ching" von Lao Tzu (ca. 6. Jahrhundert v. Chr.) verkörpert sind. Sie glaubten, dass die sexuelle Energie, bekannt als "Jing", eine der drei Hauptquellen der Lebensenergie sei. Durch bestimmte Praktiken konnte diese Energie kultiviert und in spirituelle Energie umgewandelt werden. In diesem Zusammenhang war Sex nicht nur ein Akt der Fortpflanzung oder des Vergnügens, sondern eine spirituelle Praxis, die zur Erleuchtung führen konnte.

Nicht zu vergessen sind die alten Hindu-Texte wie das "Kamasutra" (ca. 2. Jahrhundert n. Chr.). Jahrhundert n. Chr.). Obwohl es in der Populärkultur hauptsächlich als Handbuch für sexuelle Stellungen bekannt ist, handelt es sich in Wirklichkeit um einen tiefgründigen Leitfaden für die Kunst des Lebens, der Liebe und der Suche nach Vergnügen in all seinen Formen. Es geht darum, wie man ein ausgeglichenes Leben führen kann und wie das Begehren (kama) ein legitimer Teil der menschlichen Existenz ist.

Aber was bedeutet das alles für uns in der modernen Welt? Erstens erinnert es uns daran, dass unser heutiges

Verständnis von Sexualität zwar fortgeschritten ist, wir aber noch viel von alten Traditionen lernen können. Wenn wir dieses Wissen in unser Leben integrieren, können wir eine reichere und umfassendere Erfahrung machen.

Es ist faszinierend zu sehen, wie sich die Menschheit trotz des technischen und wissenschaftlichen Fortschritts bestimmte Grundprinzipien bewahrt hat. Wie Carl Jung in "Der Mensch und seine Symbole" (1964) sagte, sind universelle Archetypen in allen Kulturen vorhanden, und die Sexualität bleibt in ihrem Wesen eine jener ursprünglichen Kräfte, die uns mit dem Göttlichen verbinden.

Wenn Sie also eine ganzheitliche sexuelle Gesundheit anstreben, sollten Sie sich nicht nur auf Biologie oder moderne Techniken beschränken. Tauchen Sie in uralte Traditionen ein, meditieren Sie darüber und entdecken Sie, wie sie Ihre Erfahrung bereichern können.

Lassen Sie uns zum Abschluss dieses Kapitels darüber nachdenken, was wir gelernt haben. Ganzheitliche sexuelle Gesundheit ist eine Verschmelzung von Geist, Körper, Seele und Umwelt. Es geht nicht nur um körperliche Handlungen, sondern um eine tiefe Verbindung mit sich selbst, dem Partner und dem Universum selbst.

Fühlen Sie sich bereit, sich auf diese Reise der Selbstentdeckung und Verbindung zu begeben? Ich hoffe, Sie sind es. Denn im nächsten Kapitel werden wir erkunden, wie Technologie und futuristische Visionen die Sexualität prägen und wie wir diese Veränderungen annehmen können, ohne unsere wesentliche Verbindung zu verlieren. Ich verspreche Ihnen, es wird eine aufregende Reise - wir sehen uns dann!

Kapitel 24: Sexualität in der Zukunft: Vorhersagen und Trends

Willkommen in der Zukunft, einem aufregenden und manchmal verwirrenden Ort, an dem sich die Grenzen dessen, was wir unter Sexualität verstehen, ständig verschieben. Warum sollte Sie das interessieren? Nun, denken Sie darüber nach. So wie sich die Welt entwickelt, so entwickeln auch wir uns. Die Art und Weise, wie wir unsere Sexualität erleben und verstehen, wird unmittelbar von Fortschritten in Technik, Wissenschaft und Kultur beeinflusst. Aber sind wir auf das vorbereitet, was auf uns zukommt? Sind Sie bereit, sich auf diese Reise der Vorhersage, der Phantasie und der Selbstentdeckung zu begeben?

Warum ist es so wichtig, die Sexualität in der Zukunft zu verstehen? Die Antwort ist einfach. Damit wir nicht überrascht werden. Wie in jedem anderen Bereich des Lebens kann es den Unterschied zwischen Überforderung und Befähigung ausmachen, proaktiv und nicht reaktiv zu sein.

Stellen Sie sich einen Moment lang vor, Sie befänden sich im Jahr 2100. Der technologische Fortschritt hat eine virtuelle sexuelle Erfahrung ermöglicht, die von der Realität nicht zu unterscheiden ist. Menschen können ihr Geschlecht auf Knopfdruck ändern, und Beziehungen zwischen verschiedenen Spezies mit künstlichen Wesen sind die Norm. Wie fühlen Sie sich dabei? Aufgeregt? Ängstlich? Verwirrt?

Doch zurück in die Gegenwart. Auch wenn dieses Szenario noch in weiter Ferne zu liegen scheint, werden viele der

Grundlagen bereits gelegt. In Ray Kurzweils "The Singularity is Near" (2005) argumentiert er, dass die Technologie in exponentiellem Tempo voranschreitet und die Menschheit vor Veränderungen steht, die die meisten nicht einmal ansatzweise begreifen können.

Was bedeutet das alles für unsere Sexualität? Sexualität ist im Kern eine Erweiterung unseres Menschseins. Und wie jeder andere Teil von uns unterliegt auch sie der Entwicklung und Veränderung. Laut Martine Rothblatt in "Transsexuality and the post-gender" (2014) treten wir in eine Ära ein, in der das Geschlecht möglicherweise obsolet wird, in der die Grenzen zwischen männlich, weiblich und allem dazwischen verschwimmen.

Und hier müssen Sie sich fragen: Wie will ich in diese Zukunft passen? Bin ich bereit, mich anzupassen und zu lernen, oder werde ich mich dem Wandel widersetzen und zurückbleiben?

Aber keine Sorge, Sie sind nicht allein auf diesem Weg. In diesem Kapitel werden wir uns mit den Trends und Prognosen befassen, die unsere Sexualität in den kommenden Jahrzehnten prägen werden. Von den Wundern der virtuellen Realität bis hin zu den ethischen Herausforderungen von Gentechnik und künstlicher Intelligenz werde ich Sie auf dieser Reise zum Kern dessen führen, was es bedeutet, in einer sich ständig verändernden Welt ein Mensch zu sein.

Sind Sie also bereit, Ihren Geist zu öffnen und die Möglichkeiten zu erkunden? Ich hoffe es, denn die Zukunft, liebe Leserin, lieber Leser, ist bereits da, und sie verspricht, eine faszinierende Reise zu werden. Und es verspricht, eine faszinierende Reise zu werden - packen wir es an!

Wie bereits erwähnt, verändert das rasante Tempo des technologischen Fortschritts unser Verständnis von Sexualität. Aber wie hat diese Reise begonnen und wohin geht sie?

Werfen wir einen genaueren Blick in die Vergangenheit, in die 1950er Jahre. Alfred Kinsey revolutionierte mit "The Sexual Behaviour of Man" (1948) und "The Sexual Behaviour of Woman" (1953) unser Verständnis der menschlichen Sexualität. Anhand von Tausenden von Interviews zeigte Kinsey uns die große Bandbreite sexueller Ausdrucksformen und Erfahrungen. Mit seiner Arbeit legte er den Grundstein für die Sexualforschung und in vielerlei Hinsicht auch für die Zukunft, die wir jetzt zu sehen beginnen.

Was Kinsey jedoch nicht vorhersehen konnte, war, wie die Technologie mit der Sexualität verschmelzen würde. Steve Jones' "Technosexualities: Theory, Practice and Activism" (2006) untersucht, wie die Technologie, insbesondere das Internet, die Sexualität umgestaltet hat - von der Art und Weise, wie wir Partner finden, bis hin zur Art und Weise, wie wir uns selbst ausdrücken und verstehen.

Und jetzt stehen wir an der Schwelle zu noch mehr Veränderungen. Virtuelle und erweiterte Realitäten versprechen nicht nur die Art und Weise zu revolutionieren, wie wir mit der Welt interagieren, sondern auch, wie wir Lust und Intimität erleben. Stellen Sie sich einen Moment lang vor, dass Ihr sexuelles Erleben nicht mehr durch die physische Beschaffenheit Ihres Körpers begrenzt ist. Stellen Sie sich vor, dass Sie neue Identitäten, Geschlechter und sogar Arten erforschen können, und das alles in der Sicherheit und Privatsphäre Ihres eigenen Raums. Das ist keine Science-Fiction mehr. Wie Sherry Turkle in "Alone Together: Why We Expect More from Technology and Less from Each Other" (2011) darlegt, verändern diese Technologien nicht nur unsere Sexualität, sondern auch unser Verständnis der Menschheit selbst.

In Anbetracht dieser Veränderungen stellen sich wichtige ethische und moralische Fragen. Wenn wir unseren Körper und unsere Erfahrungen nach Belieben verändern können, was bedeutet das dann für unsere Identität? Für unsere Authentizität? In Posthuman Life: Philosophy at the Edge of the Human (2014) erforscht David Roden die unscharfen Grenzen zwischen Mensch, Posthuman und darüber hinaus.

Natürlich können wir nicht über die Verschmelzung von Technologie und Sexualität sprechen, ohne die Robotik zu erwähnen. Sexroboter stecken zwar noch in den Kinderschuhen, versprechen aber eine Revolution in unserem Verständnis von Intimität und Beziehung. Aber zu welchem Preis? Kate Devlin befasst sich in "Turned On: Science, Sex, and Robots" (2018) mit dieser und vielen weiteren Fragen und erforscht die Herausforderungen und Chancen, die diese künstlichen Partner mit sich bringen.

Bei so vielen Möglichkeiten, die Ihnen zur Verfügung stehen, kann es leicht passieren, dass Sie sich überfordert oder sogar verängstigt fühlen. Aber wie immer gilt: Wissen ist Macht. Indem wir uns in diese Themen vertiefen, rüsten wir uns nicht nur dafür, die Welt um uns herum zu verstehen, sondern auch dafür, sie nach unserem eigenen Bild zu gestalten.

Schließlich liegt die Zukunft der Sexualität, wie alles andere auch, in unseren Händen. Und mit der richtigen Anleitung und einem offenen Geist können wir uns auf eine Zukunft zubewegen, die integrativ, ermächtigend und vor allem zutiefst menschlich ist. Denn letzten Endes liegt der Kern unserer Sexualität in unserer Fähigkeit, uns zu verbinden, zu lieben und geliebt zu werden, ganz gleich, wie fortschrittlich die Technologie ist.

Um diese Verflechtung von Technologie und Sexualität weiter zu veranschaulichen, wollen wir uns konkrete Beispiele ansehen, die zeigen, wie reale Menschen diese Veränderungen in ihrem täglichen Leben erleben. Haben Sie schon einmal darüber nachgedacht, wie sehr die Technologie die Art und Weise beeinflusst hat, wie Sie mit anderen in Kontakt treten, insbesondere auf einer intimen Ebene?

Julia, eine 28-jährige Frau, berichtet über ihre Erfahrungen mit der virtuellen Realität. "Das erste Mal, dass ich eine Virtual-Reality-Umgebung in einem intimen Kontext ausprobierte, war mit einer App, die es mir ermöglichte, einen persönlichen Avatar zu entwerfen. Überraschend war nicht nur die Möglichkeit, einen neuen Körper oder eine neue Umgebung zu erkunden, sondern auch, dass ich das Gefühl hatte, mit anderen Menschen zu interagieren. Es war seltsam intim, auch wenn ich wusste, dass ich mich in einer Simulation befand." Was bedeutet diese Erfahrung, bei der körperliche Grenzen überwunden werden und die Wahrnehmung des eigenen Ichs radikal verändert werden kann, für jemanden wie Julia und für viele andere?

Ein weiteres konkretes Beispiel ist das von Leon, einem Mann, der seit drei Jahren eine Fernbeziehung führt. Mit Hilfe von ferngesteuertem Sexspielzeug haben er und seine Partnerin

Wege gefunden, das Feuer und die Intimität aufrechtzuerhalten. "Es ist nicht dasselbe, wie mit meinem Partner zusammen zu sein", gibt er zu, "aber es hat uns definitiv geholfen, auf eine Art und Weise verbunden zu bleiben, die wir uns vorher nicht vorstellen konnten.

Diese Entwicklungen sind natürlich nicht ohne Kritiker. Die Expertin für Beziehungen zwischen Mensch und Maschine, Dr. Hannah Rose, weist in ihrem Buch Desire in the Digital Age (2022) darauf hin, dass diese Entwicklungen zu einer übermäßigen Abhängigkeit von der Technologie führen können, die möglicherweise echte menschliche Beziehungen untergräbt. Im Gegensatz dazu argumentiert Dr. Aaron Patterson in seinem Buch Synthetischer Eros (2019), dass diese neuen Formen der Intimität mit den traditionellen Formen koexistieren können und das Spektrum der Art und Weise, wie wir Verbindung und Begehren verstehen und erleben, tatsächlich erweitern.

Ein wichtiger Punkt, den es zu berücksichtigen gilt, ist die Vielfalt der Erfahrungen. Für einige bieten diese Entwicklungen einen Zufluchtsort; für diejenigen, die sich in der "realen Welt" vielleicht ausgegrenzt oder unverstanden fühlen, kann die Technologie einen Raum für Selbstdarstellung und Akzeptanz bieten.

Doch wie bei jeder Revolution müssen wir uns grundlegende Fragen stellen: Führen diese Fortschritte zu einer tieferen Abkopplung von unserer Menschlichkeit oder erweitern sie einfach nur unser Verständnis davon, was es bedeutet, ein Mensch zu sein? Opfern wir etwas Wesentliches im Streben nach dem Neuen und Aufregenden?

Wir wollen diese Fragen noch einen Moment lang in der Schwebe lassen. Denn während wir weiterhin die unendlichen Möglichkeiten erforschen, die die Zukunft bietet, ist es auch wichtig, sich daran zu erinnern, wie wir in Kapitel 19 erwähnt haben, dass unser Verständnis und unser Ausdruck von Sexualität schon immer von Kunst, Kultur und jetzt auch von Technologie beeinflusst wurde. Der Schlüssel liegt darin, ein Gleichgewicht zu finden, den Wandel anzunehmen und immer bereit zu sein, zu lernen und sich anzupassen.

Bei der Erkundung der weiten Landschaft der Zukunft der Sexualität zeichnet sich ein roter Faden deutlich ab: die ständige Anpassung und Neudefinition dessen, was es bedeutet, in einer zunehmend vernetzten und technologisch fortgeschrittenen Welt ein Mensch zu sein. Haben Sie jemals das Gefühl gehabt, dass Sie zurückgelassen werden, oder dass rasche Veränderungen Sie herausfordern, Ihren Platz in diesem neuen Paradigma zu überdenken?

Nehmen wir zum Beispiel die jüngste Forschung in den Neurowissenschaften. In seinem bahnbrechenden Buch Neuroplasticity and Desire (2021) hebt Dr. Raymond Boucher hervor, wie künftige Anpassungen in unserer Hirnbiologie es uns ermöglichen könnten, unser Begehren in einer Weise zu tunen und anzupassen, die in früheren Generationen einfach nicht möglich war. "Stellen Sie sich vor", schreibt er, "eine Welt, in der wir unsere eigenen Anziehungs- und Begehrensmuster nicht nur verstehen, sondern auch aktiv gestalten und damit Barrieren und Beschränkungen beseitigen, die wir bisher als feststehend betrachteten."

Es gibt auch das faszinierende Gebiet der Genetik und die Frage, wie Fortschritte in der Genbearbeitung in Zukunft unsere Fortpflanzung und die Art und Weise, wie wir Familie und Beziehungen definieren, beeinflussen könnten. Die Möglichkeiten, auch wenn sie noch weitgehend theoretisch sind, deuten auf eine Zukunft hin, in der Liebe, Sex und Beziehungen sich grundlegend von dem unterscheiden könnten, was wir bisher kennen.

Doch inmitten all dieses technologischen Rummels bleibt eine Tatsache unveränderlich: das menschliche Bedürfnis nach Verbindung, Intimität und Verständnis. Auch wenn sich die Werkzeuge und Methoden ändern, bleibt unsere Suche nach Sinn, nach Berührung und Berührt-Werden, nach Liebe und Geliebt-Werden, der Kern der menschlichen Erfahrung.

Worin liegt also der Schlüssel zur Navigation in dieser neuen Zukunft? Wie Dr. Lina Morales in ihrem Buch Embracing Change: The Human Heart in a Digital Age (2023) vorschlägt, liegt er vielleicht darin, dass wir lernen, unsere Begeisterung für das Neue mit einem tiefen Respekt und einer Wertschätzung für das Zeitlose zu verbinden. "Wir dürfen nicht aus den Augen verlieren", schreibt sie, "dass unsere Werkzeuge, so fortschrittlich sie auch sein mögen, einem Zweck dienen: die menschliche Erfahrung zu bereichern und zu vertiefen, nicht sie zu ersetzen."

Kurz gesagt, die Zukunft der Sexualität mit all ihren Wundern und Herausforderungen lädt uns auf eine Reise der Selbstentdeckung und Anpassung ein. Während wir uns dem Ende dieses Kapitels nähern und Sie sich auf das nächste vorbereiten, denken Sie darüber nach, wie Sie sich berufen fühlen, an dieser aufregenden neuen Welt teilzunehmen, zu lernen und zu wachsen.

Das nächste Kapitel, Kapitel 25, führt Sie zu einem der wichtigsten und oft vernachlässigten Bereiche der sexuellen Landschaft: der Bildung. Wie sollten wir in einer Zeit des raschen und tiefgreifenden Wandels unsere Sexualerziehung anpassen und neu erfinden, um uns und künftige Generationen auf diese Zukunft vorzubereiten? Wesentliche Enthüllungen und Debatten warten auf Sie, also? Sind Sie bereit?

Kapitel 25: Die Punkte verbinden: Integration täglicher Praktiken für eine explosive Libido

Hatten Sie schon einmal das Gefühl, dass Sie alle Zutaten für ein Rezept haben, aber nicht wissen, wie man sie richtig kombiniert, um das perfekte Gericht zu erhalten? So, liebe Leserin, lieber Leser, haben wir uns durch dieses Buch gearbeitet. Wir haben zahlreiche Aspekte untersucht, die sich auf die Libido auswirken, von Ernährung und Bewegung bis hin zum Einfluss der Umwelt und der Bedeutung der Selbstakzeptanz. Aber wie setzen wir all diese Teile zusammen, um einen starken und gesunden Sexualtrieb zu erreichen?

Die Antwort liegt darin, die Punkte zu verbinden. Wie bei einem Puzzle ist jedes Teil wichtig, aber erst wenn sie richtig zusammengesetzt werden, wird das ganze Bild lebendig. Und genau das ist es, was wir in diesem Kapitel tun werden: zusammensetzen.

Sie fragen sich vielleicht, warum diese Integration so wichtig ist? Nun, hier ist die Antwort: Weil jeder Mensch einzigartig ist. Obwohl wir alle eine ähnliche Biologie haben, kann die Art und Weise, wie unser Körper und unser Geist auf bestimmte Reize reagieren, sehr unterschiedlich sein. Für die einen kann Humor ein starkes Aphrodisiakum sein (Kapitel 18: Die überraschende Beziehung zwischen Humor und Libido), für die anderen ist es vielleicht Musik (Kapitel 23: Musik und Schwingungen). Um also einen umfassenden Plan zur Maximierung Ihrer Libido zu erstellen, ist es entscheidend, die Techniken und Taktiken zu ermitteln und strategisch zu kombinieren, die bei Ihnen am besten ankommen.

Erinnern Sie sich, als wir in Kapitel 2 über die Kraft des Gehirns sprachen? Laut dem Buch "The Power of Desire" (2019) von Dr. Selena Ortiz ist das Gehirn ein mächtiges Werkzeug, das trainiert werden kann, um unser Sexualleben zu verbessern. Sie argumentiert, dass wir unser Gehirn für eine gesündere, explosivere Libido "umprogrammieren" können, indem wir tägliche Praktiken strategisch und bewusst integrieren. Neuroplastizität, dieses faszinierende Phänomen, das es uns ermöglicht, die Struktur und Funktion unseres Gehirns zu verändern und anzupassen, ist der Schlüssel dazu.

Lassen Sie uns also mit der Integration beginnen. Stellen Sie sich einen Moment lang vor, dass Sie vor einer Tafel mit all den Strategien stehen, die wir bisher besprochen haben. Von der Ernährung über die Meditation bis hin zur Kraft der Berührung und der Natur - welche Strategien sprechen Sie am meisten an? Welche lassen sich am einfachsten in Ihren Alltag einbauen? Und was vielleicht noch wichtiger ist: Welche begeistern Sie am meisten?

Natürlich ist es leicht, sich von so vielen Informationen überwältigt zu fühlen. Aber keine Sorge, Sie sind nicht allein auf diesem Weg. In diesem Kapitel werden wir gemeinsam Ihren persönlichen Plan erstellen. Ein Plan, der nicht nur Ihre Libido steigert, sondern auch dafür sorgt, dass Sie sich mehr mit sich selbst und Ihrem Partner verbunden fühlen.

Lassen Sie mich Ihnen eine grundsätzliche Frage stellen: Was bedeutet eine gesunde Libido für Sie - ist es einfach, häufiger sexuelles Verlangen zu haben, oder geht es um mehr als das? Vielleicht geht es darum, sich mehr mit Ihrem Körper verbunden zu fühlen, Ihre Wünsche und Grenzen zu verstehen oder neue Formen der Intimität zu erkunden.

Wie auch immer Ihre Antwort ausfällt, denken Sie daran, dass diese Reise nur Ihnen gehört und einzigartig ist. Auf den folgenden Seiten führe ich Sie durch den Prozess der Verknüpfung der Punkte und gebe Ihnen die Werkzeuge an die Hand, um alles zu integrieren, was wir bisher gelernt haben. Sind Sie bereit, loszulegen? Nur zu, die Welt der explosiven Libido wartet auf Sie.

Um die Macht der Integration wirklich zu verstehen, lassen Sie uns mit einer einfachen, aber aufschlussreichen Analogie beginnen. Denken Sie an ein Orchester. Jeder Musiker hat ein anderes Instrument, und obwohl jedes für sich genommen wunderschön klingen mag, ist es die harmonische und synchronisierte Kombination aller Instrumente, die eine umwerfende Sinfonie hervorbringt. Das Gleiche gilt für die Taktiken und Strategien, die wir besprochen haben; zusammen, in Harmonie, haben sie das Potenzial, eine Explosion von Lust und Leidenschaft in Ihrem Leben zu erzeugen.

Erinnern Sie sich daran, dass wir in Kapitel 4 die Bedeutung der Ernährung erwähnt haben. Aber wie können Sie das mit den Übungen in Kapitel 8 und der Meditation in Kapitel 5 kombinieren? Eine Idee ist es, eine Morgenroutine einzuführen, die diese drei Komponenten miteinander verbindet. Beginnen Sie den Tag mit einem ausgewogenen Frühstück, das reich an aphrodisierenden Lebensmitteln ist. Machen Sie dann eine kurze sportliche Übung, die Sie aktiviert, und schließen Sie den Tag mit ein paar Minuten

Meditation ab, die sich auf die Verbindung zwischen Körper und Geist konzentriert. Auf diese Weise sorgen Sie dafür, dass Ihr Geist und Ihr Körper von Anfang an auf eine gesunde Libido vorbereitet sind.

In "The Art of Integration" (2017) spricht Dr. Alejandro Ferrer darüber, wie die tägliche Integration gesunder Gewohnheiten im Laufe der Zeit eine kumulative Wirkung haben kann. In der Tat weist er darauf hin, dass "die Beständigkeit kleiner täglicher Praktiken die Macht hat, ein ganzes Leben zu verändern". Haben Sie schon einmal bemerkt, wie kleine Wassertropfen im Laufe der Zeit einen Stein erodieren können? In ähnlicher Weise können Sie durch die schrittweise Einbeziehung dieser Praktiken in Ihre Routine das Sexualleben formen, das Sie sich immer gewünscht haben.

Vielleicht fragen Sie sich: "Was ist mit der Technologie, wie kann ich sie integrieren, ohne dass sie mich ablenkt?" Ich lade Sie ein, sich an Kapitel 12 zu erinnern, in dem wir untersucht haben, wie bestimmte Apps und Gadgets auf diesem Weg hilfreich sein können. Warum nicht Erinnerungen für Ihre Meditation einstellen oder Tracking-Apps verwenden, um Ihre Essgewohnheiten zu überwachen? Technologie kann, wenn sie klug eingesetzt wird, ein mächtiges Werkzeug zur Unterstützung Ihrer Ziele sein.

Wie sieht es mit Ihrer Umgebung aus - haben Sie schon einmal darüber nachgedacht, wie die Räume, in denen Sie sich aufhalten, Ihre Stimmung und damit auch Ihr Verlangen beeinflussen? In Kapitel 20 haben wir über den Einfluss Ihres Zuhauses auf Ihre Leidenschaft gesprochen. Stellen Sie sich vor, Sie richten in Ihrer Wohnung eine besondere Ecke ein, die Sie der Meditation oder der Lektüre über Sexualität widmen. Ein Raum, in dem Sie mit sich selbst und Ihrem Verlangen in Einklang kommen können. Indem Sie die richtige Umgebung integrieren, schaffen Sie die richtigen Bedingungen, damit sich die Leidenschaft entfalten kann.

Auf diesem Weg ist es wichtig, Geduld mit sich selbst zu haben. Nicht alle Praktiken werden Ihnen sofort zusagen, und das ist in Ordnung. Es geht darum, zu experimentieren, zu versuchen, sich anzupassen und vor allem den Prozess zu genießen. Denn, wie der Dichter Rainer Maria Rilke einmal sagte, "die einzige Reise ist die Reise nach innen". Und Sie, liebe Leserin, lieber Leser, sind auf dem richtigen Weg.

Während Sie diese faszinierende Reise der Selbstentdeckung fortsetzen, fragen Sie sich vielleicht: "Wie kann ich sicherstellen, dass diese täglichen Praktiken tatsächlich in mein tägliches Leben integriert werden?" Nun, es gibt einen kraftvollen Ansatz, der seit Jahrtausenden praktiziert wird und der die Antwort sein könnte: Ritualisierung.

Ein Ritual ist im Wesentlichen eine Reihe von Handlungen, die auf eine bestimmte Weise und in einer bestimmten Reihenfolge ausgeführt werden. Was ein Ritual kraftvoll macht, sind nicht unbedingt die Handlungen selbst, sondern die Absicht dahinter. Es ist diese bewusste Absicht, die etwas Gewöhnliches in etwas Außergewöhnliches verwandelt.

Nehmen wir ein konkretes Beispiel: Das japanische Teeritual, bekannt als "Chanoyu", ist eine akribische Zeremonie, die über das einfache Zubereiten und Trinken von Tee hinausgeht. Es geht dabei um Präsenz, Respekt und Harmonie. Wie Kakuzo Okakura in seinem Buch "The Book of Tea" (1906) schreibt: "Tee ist ein Kunstwerk und braucht die

Hand eines Meisters, um seinen verborgenen Adel zum Vorschein zu bringen".

Beziehen wir dies nun auf Ihre Libido. Stellen Sie sich vor, dass Sie Ihre bereits erwähnte Morgenroutine in ein Ritual verwandeln. Wenn Sie aufwachen, anstatt einfach nur zu essen, Sport zu treiben und zu meditieren, tun Sie dies mit der tiefen, bewussten Absicht, Ihre sexuelle Energie und Ihr Verlangen zu kultivieren. Spüren Sie jeden Bissen, jede Bewegung, jeden Atemzug. Im Grunde üben Sie sich in der Kunst, in jedem Moment voll zu leben. Auf diese Weise wird jeder dieser Momente zu einer kleinen Feier der Lust und Leidenschaft, die in Ihnen wohnt.

Und hier liegt ein weiteres mächtiges Geheimnis: die Macht der Geschichten. Wir sind von Natur aus erzählende Wesen. Wir lieben es, Geschichten zu erzählen und ihnen zuzuhören, und diese Geschichten bilden oft die Grundlage dafür, wie wir uns selbst und die Welt um uns herum sehen. Stellen Sie sich nun vor, Sie kombinieren die Kraft von Ritualen mit der Kraft von Geschichten. Sie werden nicht nur diese Rituale praktizieren, sondern sich auch eine Geschichte darüber erzählen, was Sie tun und warum.

Erinnern Sie sich noch daran, wie wichtig es ist, in Kapitel 14 offen über Begehren zu sprechen? Betrachten Sie es jetzt aus dieser neuen Perspektive. Es geht nicht nur darum, Tabus zu brechen, sondern auch darum, Ihre eigene Geschichte über Lust, Leidenschaft und Vergnügen neu zu schreiben.

Welche Geschichte werden Sie sich also erzählen - eine Geschichte der Erforschung und Entdeckung oder eine der Bestätigung und Feier Ihres sinnlichen Selbst? Wie Maya

Angelou sagte: "Es gibt keine größere Qual, als eine unerzählte Geschichte in sich zu tragen". Warum also nicht heute damit beginnen, Ihre Geschichte zu erzählen?

Wenn Sie diesen Prozess der Integration und Ritualisierung durchlaufen, werden Sie feststellen, dass Sie nicht nur eine stärkere Libido kultivieren, sondern auch eine tiefere Verbindung zu sich selbst. Und am Ende des Tages ist das vielleicht die wichtigste Verbindung von allen.

In dieser letzten Phase unseres Kapitels ist es wichtig zu verstehen, dass jeder Schritt, den wir in diesem Buch erforscht haben, keine Einzellösung darstellt. Nein. Sie sind Teile eines komplizierten Mosaiks, die, wenn sie zusammengesetzt werden, ein lebendiges Bild eines Lebens voller Sehnsucht, Leidenschaft und Selbstverbundenheit zeichnen.

Rückblickend haben wir in Kapitel 3 die Verbindung zwischen Geist, Körper und Leidenschaft erforscht, und wie jeder den anderen nährt und stärkt. Und hier, in diesem letzten Abschnitt, können wir deutlich sehen, dass alle Strategien und Praktiken, die wir besprochen haben, nicht nur darauf abzielen, die Libido zu steigern, sondern auch, diese triadische Verbindung zu stärken.

In "Die Kunst des Liebens", das 1956 veröffentlicht wurde, reflektierte Erich Fromm darüber, dass Liebe in all ihren Formen ein Akt ist, der über sich selbst hinausgeht, um das eigene und das Wachstum des anderen zu fördern. Diese Philosophie lässt sich auch auf unsere Beziehung zu uns selbst und unsere Libido anwenden. Unsere Leidenschaft zu nähren und zu kultivieren ist ein Akt der Selbstliebe, eine Verpflichtung gegenüber unserer eigenen Vitalität und unserem Wohlbefinden.

Und wie wir in den vorangegangenen Kapiteln erforscht haben, von der verborgenen Kraft der Sonne und der Natur in Kapitel 13 bis hin zu der überraschenden Beziehung zwischen Humor und Libido in Kapitel 18, wirken all diese Strategien und Praktiken harmonisch zusammen. Sie sind wie ein Orchester, in dem jedes Instrument seinen eigenen, einzigartigen Part spielt, aber alle zu einer größeren und schöneren Melodie beitragen.

Und nun, liebe Leserin, lieber Leser, sind wir am Ende dieser aufregenden gemeinsamen Reise angelangt. Es ist ein bittersüßes Gefühl, nicht wahr? Einerseits ist es ein Erfolgserlebnis, die weite Landschaft des menschlichen Begehrens erforscht und tief verstanden zu haben. Andererseits kommt eine gewisse Melancholie auf, wenn wir dieses Buch schließen, wenn wir unsere gemeinsame Reise beenden. Es war eine unvergessliche Reise, und ich möchte meine tiefste Dankbarkeit dafür zum Ausdruck bringen, dass Sie mich auf jeder Seite, in jedem Kapitel, bei jeder Entdeckung begleitet haben.

Wenn es etwas gibt, von dem ich hoffe, dass Sie es aus diesem Buch mitnehmen, dann ist es die tiefe Überzeugung, dass Sie die Kraft in sich haben, eine explosive Libido zu kultivieren und zu pflegen, und darüber hinaus ein volles und reiches Leben voller Erfahrungen.

Der Weg zur Selbstentdeckung und zum Wohlbefinden ist unendlich, und obwohl dieses Buch zu Ende ist, geht Ihre persönliche Reise weiter. Ich hoffe, dieses Handbuch war eine Quelle der Inspiration, ein Funke, der in Ihnen eine Flamme der Neugier und Leidenschaft entfacht.

Mit einem Herzen voller Dankbarkeit und Hoffnung danke ich Ihnen. Mögen Leidenschaft, Sehnsucht und Freude jeden Winkel deines Lebens durchfluten. Lebt wohl.

Abschied: Vielfalt und Authentizität in unserer sexuellen Anatomie zelebrieren

Nun, da wir das Ende dieser Reise erreicht haben, ist es wichtig, dass wir die Bedeutung jedes einzelnen Schrittes, den wir in dieser Arbeit gemacht haben, verstehen. Sexualität ist einer der intimsten und grundlegendsten Aspekte der menschlichen Erfahrung, und während dieser Reise haben wir versucht, sie mit der Tiefe und dem Respekt zu behandeln, die sie verdient.

Von den frühesten Anfängen des sexuellen Verständnisses über die faszinierende Wissenschaft hinter Anziehung, Orgasmus und der stummen Sprache unseres Körpers haben wir die Geheimnisse unserer Sexualität enträtselt. Wir haben über den Einfluss von Umwelt, Ernährung und der Chemie unserer eigenen Hormone nachgedacht. Wir haben die sexuelle Weisheit alter Kulturen kennen gelernt und erfahren, wie diese Weisheit unser heutiges Verständnis von Intimität beeinflussen kann. Wir haben auch mit Mythen aufgeräumt, uns mit Tabus auseinandergesetzt und zukünftige Trends in der menschlichen Sexualität erkundet.

Je tiefer wir in die Lektüre eindrangen, desto klarer wurde uns, wie wichtig Selbstwertgefühl, Kommunikation und Bildung für die Gestaltung unserer sexuellen Erfahrung sind. Aber vielleicht am wichtigsten war es, die Vielfalt und Authentizität unserer sexuellen Anatomie zu entdecken und zu feiern. Denn schließlich ist jeder von uns einzigartig, und unsere sexuelle Reise ist sehr persönlich.

Jetzt, da Sie dieses Abenteuer beendet haben, möchte ich Sie ermutigen, weiter zu forschen, zu hinterfragen und zu lernen. Lassen Sie dies nicht das Ende Ihrer Selbstentdeckungsreise sein. Suchen Sie nach weiteren Ressourcen, besuchen Sie Workshops, nehmen Sie an Diskussionsgruppen teil, und scheuen Sie sich nicht, im Zweifelsfall Experten zu konsultieren. Denken Sie daran, dass die Sexualerziehung eine fortlaufende Reise ist und es immer mehr zu entdecken und zu verstehen gibt.

Ich hoffe aufrichtig, dass dieses Buch ein Leuchtfeuer des Wissens und ein Katalysator für positive Veränderungen in Ihrem Leben gewesen ist. Ich wünsche Ihnen alles Gute auf Ihrem Weg zu einem tieferen und erfüllenderen Verständnis Ihrer eigenen Sexualität.

Mit all meiner Liebe und Dankbarkeit dafür, dass Sie sich mit mir auf dieses Abenteuer eingelassen haben, hoffe ich, dass Sie jeden Teil von sich selbst, jede Entdeckung und jeden Moment der Authentizität feiern.

Mögen Leidenschaft, Liebe und Entdeckungen weiterhin Ihren Weg erhellen.

Mit Liebe,

Letzte Worte

Lieber Leser,

Wir kommen zum Ende dieser aufregenden gemeinsamen Reise. Ich hoffe, Sie haben jede Seite so sehr genossen, wie ich es genossen habe, sie für Sie zu schreiben. Wenn Sie weiterhin Welten voller Emotionen, Intrigen und Leidenschaft erforschen möchten, lade ich Sie ein, meine Amazon-Autorenseite unter dem folgenden Link zu besuchen:

Gehen Sie zu meiner Autorenseite >>

Oder über den QR-Code:

Dort finden Sie eine Sammlung ähnlicher Werke, die Sie auf neue Abenteuer mitnehmen und es Ihnen ermöglichen, Ihre

Sexualität weiterzuentwickeln und voll und ganz zu genießen, wer Sie sind. Du hast es verdient.

Danke, dass Sie Teil dieser literarischen Reise waren. Ich hoffe, unsere Wege kreuzen sich wieder zwischen den Seiten meiner Bücher.

Mit Dankbarkeit,

Caroline Garcia